〔文化・教育・思想〕

ウィーン発の哲学

島崎 隆

未來社

ウィーン発の哲学❖目次

ウィーン発の哲学——文化・教育・思想

まえがき

この著作は一九九七年からのウィーンでの研究滞在をきっかけとして、生活・文化から哲学という抽象的な学問にわたるまで、ずっと考えつづけてきたことの産物である。しばしば日本では、なにか問題が起こると、「哲学がない」「理念がない」ということが指摘される。だが、その内実が現実に展開され、幅広く定着したということはないのではないだろうか。私がウィーンでの生活において「発見」したのは、生活と文化の全般に浸透する、そうした幅広い意味での「哲学」であった。タイトルの『ウィーン発の哲学』に見られる「哲学」とは、まずはこの意味での広義の哲学である。

ところでいうまでもなく、ウィーンは、日本人にとってとても魅力的な観光都市である。クラシック音楽の都であり、またハプスブルク帝国の文化的・芸術的な遺産で町中が満ちあふれている。哲学・思想の領域においても、見逃しがたいものが数多くある。とくに、ウィーン世紀末において、美術・文学・ファッションから哲学・思想にいたるまで、じつに広範囲にわたって一大文化圏が形成された。これはまさに、広い意味での「哲学」の実現であって、作家ロベルト・ムージルの学位論文が科学哲学者のエルンスト・マッハについてのものであったということに、それは端的に現れている。

だがこの「哲学」は、単に高次元の文化において現れているというだけでなく、その市民社会のなかでも体現されていると思われる。それは、個人の自由と社会的共同性のできるかぎりの両立という弁証法的発想のことである。ここでは個人の自由がおおいに尊重され、他面それとバランスをとる意味で、社会生活上の共同性が重視される。だがこれは、西洋市民社会に普遍的なことであって、なにもウィーンやオーストリアにかぎったことではないだろう。いずれにしても、かの地はよそ者がはいりこんでも、その気楽な雰囲気で包んでくれるような気がする。じつに私は、ここで「気楽さとしての自由」が人間にとって大事であるということを学んだ。もちろんここは他方で、市民社会のルールがきちんと要求されるところでもある。

ところで、ウィーンでは、世紀末的な妖しい魅力にも触れることもできる。私自身はオーストリア哲学の勉強を中心としてウィーン大学の哲学研究所に通いつづけたが、この都市が発散する魅力が私の哲学的思考をおおいに刺激してくれた。ここでの滞在は、私の「哲学の転換点」(ウィーン学団の指導者モーリッツ・シュリックの論文名)をうながし、その関心をぐいっと変えてしまった。私の哲学がここで得られたさまざまな対象をどの程度深くとらえたか、それは読者の判断にお任せするよりしかたがないが、芸術でも、宗教でも、また本題の哲学でも、私は自分の感性と理性を信じて「哲学すること」——ドイツ語のフィロゾフィーレン——を貫こうとした。「哲学すること」の独自性が(よい意味で)出ていれば幸いである。世にウィーンやオーストリアをテーマとしたものは多い。この地についてもうすこし本格的に考えたいというひとのお役に立てばうれしい。

第一部ではウィーンにおける生活や文化がおおむね対象とされ、それについて哲学がなされる。オーストリアの歴史と民族性の紹介を皮切りに、題材はウィーン世紀末の文化現象および宗教（とくにキリスト教）のありかたである。オーストリアの文化を考えるさい、「世紀末」と「宗教」はその中心対象であるし、この二つのテーマは私の哲学的思考をいたく刺激したのである。観光客としてこの地に滞在したひとは、おのずとクリムトの絵画やフロイトの精神分析など、「ウィーン世紀末」の文化や思想に興味をもつだろうし、さらに、巨大なシュテファン大聖堂をはじめとする多くの教会を眺め、いったいこの地で宗教とはなんなんだろうかと思うにちがいない。

第二部では教育、とくにオーストリアのギムナジウムにおける哲学教育が問題とされる。だからそこでは、文字どおり哲学と教育の接点が探られる。それどころか、哲学的理念がどのように人間を形成するのかが、かの地での主要な関心となっている。ここに彼我の差が大きく現れる。オーストリアの教育において、その哲学的・人間学的原則が確立され、それを教育の末端にまで貫こうとする教育者の強靭な意志を見いだし、私は圧倒される思いである。おそらくこれは、ドイツなどでも同様だろう。ひるがえって考えてみれば、日本ではむずかしいことと思われるかも知れないが、教育とは、生徒たちの世界観・人生観・価値観をつくりあげていくことを中心とすべきではないだろうか。職業教育・技術教育などは、そこから派生すべきことがらではないだろうか。哲学や理念なき教育は盲目である。ところで、オーストリアの哲学教育（高校三年で教えられる）のなかでもっとも主張されることこそ、徹底してフィロゾフィーレンせよ、ということだった。この哲学教育は、青年たちの人間形成の総仕上げの段階に位置している。私はここで、哲学と理念なき日本の教育の荒廃状況に思わず目をむけざるをえなかった。

第三部の対象は哲学的テキストそのものである。私はここで、ドイツ哲学としばしば同一化されてきた「オーストリア哲学」を対象とする。ウィトゲンシュタインやウィーン学団をはじめ、オーストリアの哲学者は日本でもしばしば扱われているが、そもそもオーストリア哲学とはなにかという問題は、まだ日本ではほとんどまともに考えられていない。なぜだろうか。それは一言でいえば、さきほど述べた広義の「哲学」が欠けているからだろう。たしかに、たとえばウィーン学団が提唱した論理実証主義は最高にモダンな哲学だったが、それがあえてハプスブルクからの重厚な伝統と断絶しようとしたところに生まれたという逆説を考える必要がある。生活・文化・時代と結合した広義の哲学こそが、ウィトゲンシュタインをはじめとする、彼らの哲学的テキストを深く解読させてくれるだろう。その意味で、ウィーン世紀末などの文化的・歴史的背景を視野におきつつ、私はこの新しい研究分野を切り開いていきたいと思う。

このようにして、文化・教育・哲学の三分野にわたって、私は「哲学すること《フィロゾフィーレン》」を柔軟に、自分の感性と体験を信じながら貫かせたいと思う。この営みは逆に、(広義の) 哲学なき日本の状況を反省することにおのずからつながることとなった。

本書は一種の哲学入門ともなっている。Ⅰで具体的現象にそって「哲学すること」を試み、Ⅱで人間形成のなかに働く哲学について考え、Ⅲでいよいよ抽象的な哲学的テキストそのものについて哲学をする…。逆にⅢ、Ⅱ、Ⅰとたどると、抽象的な (狭義の) 哲学が、人間の生きる現実につながっていることが見てとれるだろう。

I　ウィーンの生活と文化を哲学する

［第一章］ウィーンとオーストリアの歴史と国民性
——紹介

オーストリアはいま

オーストリアは現在、人口約八〇〇万の小国であり、国土面積も北海道よりやや大きいくらいといえる。この国は西はスイスに、東はスロヴァキア、ハンガリーに隣接する。同じドイツ語を話すといってもその北西に位置する経済大国ドイツと比べると、その国力も圧倒的に小さいといえるだろう。過去のオーストリアの文化についての説明などを読むと、それがほぼドイツにひっくるめられて説明されてしまうのを発見することがあるが、私は思わず苦笑してしまう。たしかに社会主義の東独を併呑した資本主義国家ドイツは、いまや中欧（ミッテルオイローパ）の大国となった。オーストリアにも大量のドイツ資本が流入し、オーストリア経済の運命はドイツのそれにいまや一体化されている。

だがつい最近まで、オーストリアは東欧と西欧との、社会主義と資本主義との架け橋の役割を意図的に果たしてきたのであり、スイスとともに永世中立国の旗を高く掲げている。市場と競争を万能とするアメリカ流の資本主義とソ連型の国権的共産主義のあいだを縫って、「安全」「民主的」「社会的」のスローガンを掲げつづけてきた社会民主党が政権をとってきたこの国は、その歴史と伝統とともに、人間にとって本当の幸福とはなにかということを考えさせる事実を私にたくさんつきつけた。

ほんの一例をあげよう。当時、日本人学校に通っていた息子たちが夏や冬の休みになると、小さな、しかし盛り沢山の行事や催物の書かれたパンフレットをもらってくる。それを見ると、スポーツ、冒険、音楽・演劇、ゲーム、工作など、子どもたちが喜びそうな行事ないし催物がタダか割引で楽しめる案内がたくさん掲載されている。そこで私は息子たちと一緒に、市庁舎の広大なフロアーへ出かけた。そこはおびただしいイベントと子どもたちで一杯だった。そこで私たちは皿回しに挑戦したが、

パンフレット「ウィーンの休暇の遊び」

あまりうまくいかなかった。しかし係員のひとがポラロイドカメラでその場面を撮影し、すぐにその写真を渡してくれた。これもサーヴィスであり、すべて無料である。それからまた、無料で開放された市のプール（ロッカー付き）で泳いだこともあった（大人は有料）。

なぜ税金も払っていない私たちがこのような恩恵を受けられるのか。聞けば、貧しい子どもたちでも、長い休暇を楽しめるように、

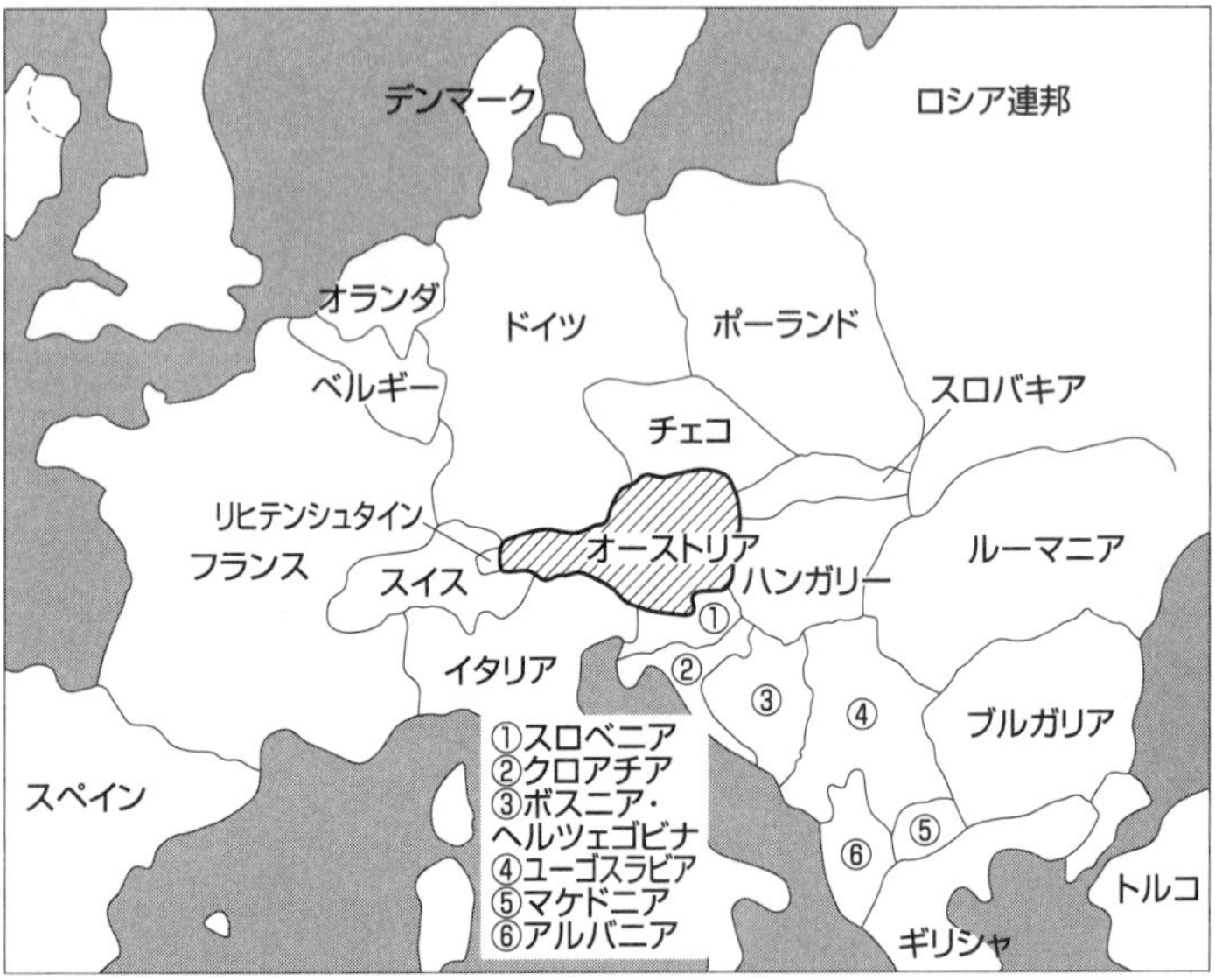

オーストリアはヨーロッパの中心に位置する

こうした制度があるのだという。オーストリアは資本主義国であるが、それは弱肉強食の日本型資本主義とは一味違う。しかも経済大国・日本からすれば、まさに経済小国・オーストリアでのできごとなのである。「社会的」というスローガンがこんなところで生きているのだと思った。「安全」「民主的」「社会的」という社会民主党のスローガンは、煎じつめれば、私の体験では「ヒューマニスティック（人間的）」という一語でまとめられる。つまり「ヒューマニスティック」とは、「人間が人間らしく暮らせるべきだ」という思想であり、子ども、女性、老人、病人、生活困窮者などの弱者にできるかぎり援助するということを意味する。

　しかしそれでも、日本から見ると、大き

な歴史を背負い、そのなかで止まりそうになっている時間のなかで生活しているように思われるこの国では、つい最近のEU加盟（一九九五年）とともに、NATO加盟も時間の問題とも噂されており、変化の波はひたひたと迫っている。

さらに過去をたどれば、オーストリアが政治勢力としても学問や文化的な達成の面でも、ドイツにまさるとも劣らない遺産をもった大国であったことは周知のことである。ウィーンやハプスブルク帝国の歴史や文化についてはすでにたくさんの本が出版されており、ここで私があらたに付け加えることもないが、この著作を読みやすいものとするという意味で、哲学的なテーマと絡めながらこの国の歴史についてまず簡単に説明したい。(1)

ハプスブルク帝国の誕生から隆盛へ

ウィーンという都市の発祥は、一世紀末、遠くローマ帝国の駐屯地ウィンドボナに始まる。すなわちウィンドボナがウィーンという名称の起源であるとされる。ウィンドボナは、ケルト語で「白い野原」の意味だとか、「白い川」のことばから由来するとかいわれる。「ウィーン（Wien）」という呼び名は、じつは「ワイン（Wein）」がなまったものだという説もあるが、これはまったくあてにならない。その当時のローマ遺跡は、ホーアーマルクトとか王宮前のミハエル広場において見ることができる。かのストア派の哲人皇帝マルクス・アウレリウスは、ゲルマン民族と戦いながらこの地まで遠征し、そしてここウィンドボナで亡くなったという（一八〇年没）。ウィーン大学の哲学研究者ペーター・カムピッツは、このマルクス・アウレリウスを遠くオーストリア哲学の産みの親とみなしている（『仮象と現実のはざまで』の第一章「マルクス・アウレリウス」を参照）。どうもこれはかなり無理な想定のような気がするが、しかし、この哲人皇帝の残した格言「耐えよ、そして諦めよ」は、たしかにはるかに遠く、ウィーン世紀末のニヒリズム的雰囲気につながっていないこともない。

オーストリアという名称は、一説によると、八世紀フランク王カール大帝がこの東方の辺境を支配したとき、オストマルクという地名としてすでに現れている。その後バーベンベルク家が一〇世紀ごろこの地を支配したとき、それはオスタルリキと呼ばれ、一一世紀には「ウィーン」という呼び名も現れたという。さらにそれから、スイス出身のハプスブルク家の城主ルドルフ一世が一二七三年に神聖ローマ帝国の皇帝に選ばれ、オーストリアの地を手に入れた。それ以後、紆余曲折があったが、アルブレヒト二世が一五世紀に皇帝に選出されたのち、一八〇六年までこの皇帝の位はハプスブルク家によって占有されることとなった。とくにカール五世の時代（一六世紀前半）、ハプスブルク家は巧みな政略結婚によってスペインの領土も継承し、オーストリア周辺の東欧地域のみならず、オランダ、ベルギー、さらに南北両アメリカ、アフリカ、アジアの一部も手に入れた。さながらハプスブルク帝国は日の没することなき一大帝国となった。またルドルフ二世（在位一五七六—一六一二年）は大の政治嫌いであったが、デューラーやブリューゲルの絵画などの収集に熱をあげた。彼らハプスブルクの皇帝たちのおかげで、美術史美術館は充実した作品群を誇ることができた。

ところで、この国は最初からカトリック一色ではなかった。マクシミリアン二世（一六世紀）はプロテスタントであり、当時八〇パーセントのウィーン市民がプロテスタントであったという。しかし一七世紀以後、反宗教改革の嵐が吹き荒れ、フェルディナンド二世は徹底してプロテスタントを迫害し、ついに一六一八年、カトリック対プロテスタントの宗教戦争（三〇年戦争）が勃発した。彼はプロテスタントの多いボヘミア（ベーメン）を打ち破り、反宗教改革を勝利させた。だがこの戦争で、ドイツの人口は一八〇〇万から七〇〇万へと減少したという。(2)

このかんペストの大流行というような事件（一六七九年）もあったが、この帝国を外部から危機に陥れたのは、東方の強国オスマントルコの来襲である。これはいわば、ヨーロッパ対アジアの戦いでもあった。そのヨーロッパの防波堤がオーストリアだった。トルコ軍は一五二九年（一二万の兵が包囲）、一六八三年（二〇万の兵が包囲）と二回に渡りウィーンを攻撃するが、プリンツ・オイゲン公らの活躍によって、最終的に撃退される。そのとき敗退したトルコ軍のおきみやげに、大量のコーヒーが残されたという。それ以後、「初恋のように甘く、悪魔のように黒く、地獄のように熱い」などといわれるコーヒーがヨーロッパに大量に出回っていく。ウィンナコーヒーは日本でもポピュラーになっている（ウィンナコーヒーは「アインシュペーナー」といわれる）。以後ウィーンはいよいよ安定した繁栄への道を歩みだす。そしてとくに帝国の母といわれるマリア・テレジア（在位一七四〇―八〇年）の時代、ウィーンはさらに発展し、芸術の都となる。一七四九年シェーンブルン宮殿（バロック様式）が完成する。幼いモーツァルトがその宮殿に招かれ演奏し、たまたま出会ったマリー・アントワネット（マリア・テレジアの第四女）に「ぼくのお嫁さんにしてあげる」といったというのは、あまりにも有名な逸話である。この時代の代表建築はさらに、ベルヴェデーレ宮殿や聖カール教会である。

なおこの時代、新興国家プロイセン（フリードリヒ二世）の実力が承認され、神聖ローマ帝国内にオーストリアとプロイセンという二つの勢力が存在することとなった。

さて、マリア・テレジアは夫ロートリンゲン公（のちに皇帝フランツ一世）とのあいだに合計一六人の子どもを出産したが、とくに注目すべきは、のちの皇帝ヨーゼフ二世（在位一七六五―九〇年）の政策である。彼は啓蒙君主として、多くの政策を実行しようとした。彼はまた、「人民皇帝」「農民の神」「革命家」などとあだ名された。彼は国家制度を中央集権化して、社会を近代化しようとした。彼自身カトリックではあったが、なんと型破りな「宗教寛容令」や「農奴解放令」を出した。彼はまたプラター公園を市民に開放したり、ドロテウム（質屋）を創設し、さらに死刑も廃止した。彼はまたモーツァルト同様、フリーメイソンに加入していた。彼は教会よりも国家に権力を集中しようとしたが、それでも当時としては、彼の上からの改革はあまりにも急進的で、その試みは挫折せざるをえなかった。ちなみに、ベートーヴェンはこのヨーゼフ二世を尊敬していた。官僚制にもとづく社会改革のこうした運動は「ヨーゼフ主義」と呼ばれ、保守主義と自由主義の二面をもつものとして、後世にまで影響を及ぼすこととなった。もしオーストリアにモダンで改革的・進歩的な側面があるとすれば、それはこのヨーゼフ主義に由来するだろう。

落日のハプスブルクとフランツ・ヨーゼフの統治

一七九五年、国内最高司令官となったナポレオンは、イタリア・オーストリア連合軍も打破し、ウィーンへも破竹の勢いで迫った。そのなかで神聖ローマ帝国は一八〇六年に崩壊し、ときの皇帝フランツ二世はオーストリア皇帝を称するだけとなった。ナポレオン戦争の時代にハプスブルク帝国を左右していたのは宰相メッテルニヒであった。このとき開催されたウィーン会議（一八一四―一五年）で反ナポレオン同盟が結成されたが、「会議は踊る、されど進まず」ということばはあまりにも有名である。このときの舞踏会ではまちがって招待状が二重に売られてしまい、倍の六千人が参加したという。

一八四八年三月に勃発した市民革命以前の三〇年間（これを三月前期という）は「ビーダーマイヤー期」ともいわれ、文化的な繁栄をきわめた平和な時代として注目される。トルコ軍撃退ののちオーストリアでは教会芸術を中心としてバロック様式が栄えたが、それがこのビーダーマイヤー様式に取って代わられた。これは産業革命（中心は繊維と鉄）が徐々に始まるなかで、小市民的な生活様式として、独裁的な官僚制にたいする政治的あきらめとともに、芸術的愛好や趣味の生活に埋没したものだった。フランツ・シューベルトを囲む友人たちの会などはその典型であった。当時ヨハン・シュトラウス親子らによるワルツが大流行する。体を相互に密着させてくるくると踊るワルツはきわめて過激な舞踊だったのだ。このビーダーマイヤー文化はそれ以後の精神的・文化的な培養土ともなった。なおジョンストンは、このビーダーマイヤー精神から生じたオーストリア的な気質として、ノスタルジア、冠婚葬祭好き、田園指向、細かいもの好み、官僚支配への受け身的態度をあげている（『ウィーン精神』p. 391. 2 六四三頁以下）。ほとんどいずれも、世紀末的精神を構成する要素といえるだろう。

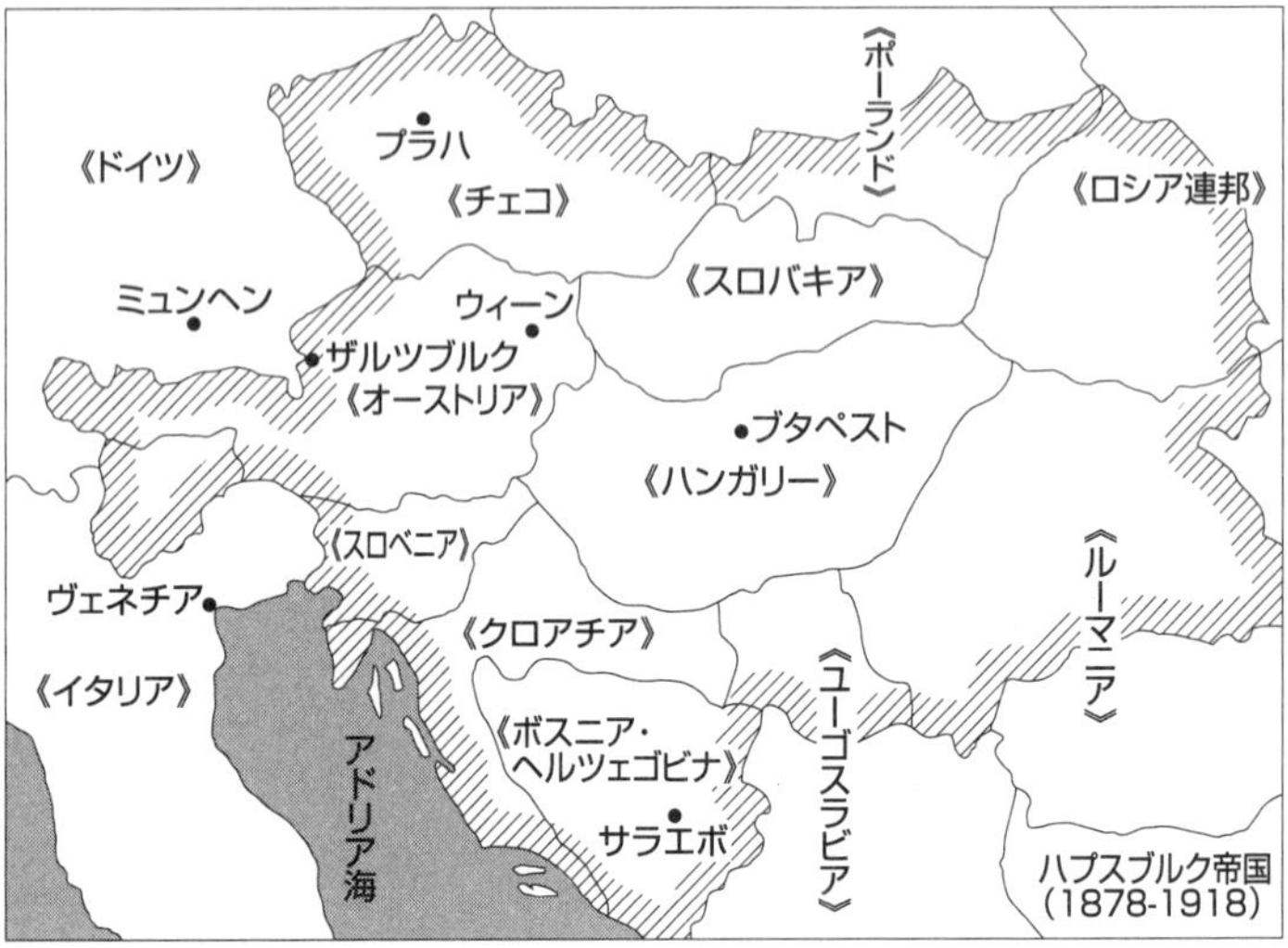

ハプスブルク帝国の版図

ジャガイモの不作と一八四七年の恐慌に起因した四八年革命は、二月のパリ革命に続き、三月にウィーンを襲った。学生と市民が憲法制定とメッテルニヒ退陣を要求した。この革命は多くの犠牲者を出したのちに鎮圧されたが、農村地区では農奴解放などの成果を残した。[3] それとともに、フランツ・ヨーゼフ一世が皇帝となり、それ以後一九一六年の死去にいたるまで、なんと六八年の長きにわたり皇帝の座についていた。革命後のこの体制を新絶対主義という。

一八五七年、旧城壁の取り壊し令がヨーゼフ皇帝の英断によって出され、大規模な都市改造がおこなわれることとなった。このなかで、リング通りにそってウォーティフ教会、ウィーン大学、市庁舎、ブルク劇場、国会議事堂、美術史美術館、オペラハウスなどが古いさまざまな様式を模倣して一斉に建設された。だが、このリング通りの建築物の大部分は高級アパートメントであり、新興ブルジョアジーによって建設された。この通りは「市民たちの居住区」といわれ、そこに住むことは大きな名誉だった。昼下がりにこの通りを着飾って散策することをコルソといったが、彼ら市民（ブルジョアジー）はここで挨拶と会話を交わし、このコルソは、彼らの自己表現の場として、「巨大なサロン」となった。もっとも、口の悪い庶民はこの散策を「モードおよび装飾品の常設展」とからかった（山之内『ウィーン』六四頁以下）。

ドイツをめぐる覇権争いのなかでついにオーストリアとプロイセンは衝突し、一八六六年にプロイセン・オーストリア戦争が勃発した。この戦争での敗北のなかで、ハプスブルクの大きな領土であったハンガリーの半独立が認められ、六七年以後、この国は「オーストリア・ハンガリー二重帝国」となり弱体化した。ここには多民族国家ハプスブルクの運命が象徴されている。この国家はもともとドイツ人、マジャール人、チェコ人、スロヴァキア人、クロアチア人、セルビア人、ユダヤ人など一二の民族を内包し、現在のオーストリア、チェコ、スロヴァキア、ハンガリー、ユーゴの大部分とその周辺地域を領土として保持していた。ここにたえず言語問題が生じていた反面、

リング通りの建築物

その国家社会はコスモポリタニズムの傾向をおびた。

世紀末的状況へ

ハプスブルクの栄光を一身に背負いつづけた皇帝フランツ・ヨーゼフは、文字通りの守旧派、伝統重視であった。電話、汽車、自動車などに価値を認めなかった。電灯も眼に悪いといって拒否した。彼は秘密主義を貫き、国民は政治に関与できなかった。官僚制・軍隊・カトリック教会の三大勢力がこの体制を支えた。しかし一八六七年に憲法が発布され、ドイツ自由主義のカール・アウアースペルク内閣が形成された。新興ブルジョアジーの勢力を背景として、オーストリアにも自由主義の時代がやってきた。そしてウィーンでは、自由派のカイェターン・フェルダー市長、キリスト教社会党のカール・ルエーガー市長のもとで、多くの都市改革がおこなわれた。

ところで、フランツ・ヨーゼフ皇帝は他面、悲劇の皇帝といわれる。先進的な思想のもちぬしであった皇太子ルドルフはピストルで愛人と心中し、皇妃エリザベート（愛称シシー）はスイス旅行のときに暗殺される。改革的で進取の気性にとんだルドルフのような人物が現実的な力をもちえなかったところに、オーストリアがドイツと異なる歴史を歩んだ由縁があるだろう。そして、あらたに皇太子となった甥のフランツ・フェルディナンドもサラエヴォで暗殺され、第一次大戦のひきがねとなった。「余はあらゆる苦しみをひとり背負う」というのは、この皇帝がしばしば口にしたことばであった。落日のハプスブルクの状況と皇帝周辺の悲劇――こうした要素は、世紀末的状況をますます深めた。

他方、ハプスブルクの隆盛から没落のなかで音楽、文学、絵画、建築などの芸術的分野のみならず、学問の領域にいたるまで、驚くほど多くの文化的成果が出現した。たとえば、社会科学の分野でも、経済学を中心としてカール・メンガー、オイゲン・ベーム＝バヴェルク、フリードリッヒ・フォン・ヴィーザーらがオーストリア学派を形成し、ドイツ歴史学派と対抗した。そこからシュンペーター、ハイエクらの大物経済学者が出たことは周知のことである（八木『オーストリア経済思想史研究』は、この分野をハプスブルクとの関連で描いている）。そして第一次大戦後、オーストリアの敗北と民族独立のなかでハプスブルク帝国はついに瓦解し（一九一八年のこと、人口五千万の帝国から六五〇万の小国へ）、そこに小さなオーストリア共和国が生まれ、今日にいたっているわけである。

そしてそれ以後、ドイツとの対抗という長い物語はどうなったかといえば、ヒトラーのナチズムに対立しつつ、一九三七年、当時の首相クルト・シュシュニクは「自由でドイツ的・独立的・社会的・キリスト教的・統一的なオーストリア」というスローガンを掲げた。だがその後、圧倒的な軍事力を誇るドイツ軍を前にして、オーストリアはドイツとの「併合《アンシュルス》」を三八年に国民投票で決定してしまった。ここにオーストリアはドイツの一州へと併合されて、国家的消滅を遂げた。しかしヒトラーは、じつはオ

フランツ・ヨーゼフ皇帝

ーストリア出身であり、画家志望の若い彼を芸術の都ウィーンは受け入れなかった。その彼によってオーストリアが敗北したということはおおいなる皮肉といえるだろう。

オーストリア気質とは？

ハプスブルク帝国の歴史と伝統をもつウィーンないしオーストリアのひとびとについて、なにか蓋然的にでもいいから、そこにほぼ共通する性格ないし気質のようなものが考えられるだろうか。もしそのようなものが想定されるとすれば、その場合ドイツとの比較が重要となるだろう（後述）。

この点でマルセル・ブリヨンは、一七八九年から一八五〇年ころのウィーン人の生活を広範囲に描いており、参考となる。彼はマリア・テレジア（一七八〇年没）の絶対君主制のなかでの、市民たちの政治的無関心と受動的な生活態度に注目する。とはいっても、彼らはその時代、当時の平和のなかでみずからの生活をおおいに楽しんだという。一七八九年に勃発したフランス革命の「自由・平等・友愛」のスローガンもオーストリアを混乱に陥れなかった。生活費は安く、飢えに悩まされる者はなく、自分から望むものだけが乞食となったという。彼らは美食を好み、ケーキなどのお菓子には目がなかった（『ウィーン　はなやかな日々』一五頁以下）。

これは一八四八年革命までの小市民的ないわゆるビーダーマイヤー様式の時代のことだろうが、それほどに当時のウィーン市民はほとんどすべて裕福だったのだろうか、生活に困らなかったのだろうか。それとも、すでにブリヨンは、「黄金のハプスブルク」の幻想に浸っているのだろうか…。(4)

ところで、「ハプスブルク神話」をとくに文学の方面から詳細に明らかにしたのは、クラウディオ・マグリスである（次章で詳論する）。実際はそうではなかったが、ハプスブルク帝国のオーストリアは幸福で調和のとれた桃源郷のように描かれ、あの白髭の皇帝を頂点に戴く、中欧の輝ける文化帝国という共同幻想がそこに創出された。こうした「ハプスブルク神話」はあのビーダーマイヤー時代にすでに成立していた。マグリスによれば、この神話は、一方で古い追憶に固執しながらも、他方で同時に新しい芸術的可能性を紡ぎだした（『オーストリア文学とハプスブルク神話』四二九頁）。

しかしいずれにしても、そうしたくつろいだ、生活をエンジョイしようという雰囲気はオーストリア的なものといえるだろう。この点では、「オーストリア的『本質』」を問題にしながらも、エルンスト・フィッシャーはつぎのようにいう。——オーストリア人はもともと「自然らしさ」を重んずる。彼らは生きいきとした、くつろいだ、親しみやすい存在である。彼らはすべての固苦しさ、強制、緊張にたいし反感をもつ。よい食べ物・飲み物を愛好し、おたがいの愛情を大切にし、生きる喜びを享受しようとする（「オーストリア的民族性の発生」S. 31）。だいたい以上は、ブリヨンの主張と同じである。だが、こうした民族的特徴が誤解を受けて、外国人、とくに北からやってきたドイツ人から見ると、非難の対象ともなりかねなかった。フリードリッヒ・シラーがドイツからウィーンを訪れたとき、彼はウィーン人を逸楽の民パイアケス人とみなし、「ここでは毎日が日曜日、いつも丸焼き肉の美味三昧」とうたった（ジョンストン『ウィーン精神』p. 115. 一一七一頁に依拠した）。パイアケス人とは、ホメロス『オデュセイア』に出てくる島民で、彼らはいつも享楽的に暮らしたという。この「パイアケスの民のごとき」

という表現は、マグリスによると、ウィーンの作家たちが彼らの住む都会の、屈託のない快楽主義を暗示するのに打ってつけの表現であるとされた（前掲書四三四頁）。

シュランペライ精神

「実際、個人的な自由と強制のなさは、オーストリア人の本質的特徴である」このようにフィッシャーはいう（前掲論文S. 32）。だから彼らは、ありのままのものを超える大げさなものを嫌悪した。ドイツ語のゲシュヴォレン（geschwollen「膨れ上がった」「尊大な」「もったいぶった」などの意味をもつ）という性質の拒否である。効率的で勤勉なドイツ精神との対比で、オーストリア精神をシュランペライ（Schlamperei「だらしなさ」「いい加減」「適当」の意味）と特徴づけることがいまでもときおり見られる。こうして、ゲシュヴォレン嫌いはおのずとシュランペライ精神に結びついてしまう。この精神のために、この国の法律遵守の意識はきわめて低かったという。「まさにオーストリア的だ」といわれるとき、そこには非難の調子があり、他方、「まさにドイツ的だ」といわれるとき、それは「高貴で、強く、美しい」という意味合いがこめられる（ジョンストン『ウィーン精神』p. 396. 2六五〇頁）。それはまた現在では、ドイツの豊かな経済発展とオーストリアの停滞したそれとの対比にも結びつけられる。それでもこの精神は、反面、人間的なおおらかさを示しているといえないこともない。法律よりも人間のほうが大事であると。そしていまでも、この気風は、警察、市役所、郵便局などの官僚制度が、いまなお日本で考えられないほど非能率的でいい加減だということにもかかわっているだろう。

だが実際、カムピッツがオーストリア哲学に即してその独自性を問題としたときに感じたように、オーストリア的なものを明確に見定めることはむずかしい（『仮象と現実のはざまで』p. 7f. 五頁以下）。どう規定しても、それに当てはまらないことが出てくるのだろう。その当のカムピッツは、「オーストリア的なもの」を、一方の「いい加減《シュランペライ》」「情実主義」「耽美主義」「享楽的傾向」などと、他方の、奇妙で魔神的《デモーニッシュ》なものをふくみ、たびたび絶望へといたる「ニヒリズム」との混合物とみなしている（『ルートヴィッヒ・ウィトゲンシュタイン』S. 37）。この両傾向のあいだで「オーストリア的なもの」を考えようというのは、事実にかなっているものと思われる。曖昧なものがあるとしても、それでも、「まさにこれこそウィーン的、オーストリア的だ！」と叫びたくなるような事例にはこと欠かない。じつにオーストリア人自身、そうしたオーストリア的なものについて云々してきたのだ。この点では、ウィーン生まれの著述家エゴン・フリーデルの描く自画像がいかにもオーストリア人らしさを皮肉っぽく描いているのかもしれない。学問的概念ではなく、物語的な文学のなかでこそ、こうしたものはよく示されるというわけだろう。

さて、主人公のフリーデルは（まさにドイツの！）「フランクフルト新聞」からの「ヨーロッパ各国の国民と国民性」というテーマによる執筆依頼にたいして、無責任で厚かましいどたばた劇を演ずる。彼はその依頼を無責任にもあっさり友人にふり、ずうずうしくも「これは重要だ」と付け加える。しかしそのとき、テーマを書くのをうっかり忘れる。ところが、安うけあいをした友人はテーマが知らされていないのに気づかない。フリーデルは、「テーマはなんだっけ？」と聞く件の友人を叱りつけ、例の依頼文はどうも紛失してしまったようだという。カフェの給仕や税務署もはいってのこれ以後のどたばた劇の内容は省くが、そこで主人公フリーデルは、「まずは感謝感激して、しかるのちみんなこちらにおまかせか。安うけあいして、そのじつ自分ではなにもしない。オーストリア気質まる出しじゃないか」と友人を難ずる。自分のことをまったく棚に上げてである。こうしたシュランペライ精神がいかにもオーストリア的といわれるのだろう(池内編訳『ウィーン世紀末文学選』一五五頁以下)。

ドイツ精神との対比において

同じドイツ語圏において、たしかにドイツとの対比においてこそ、オーストリア精神とはなにかが鮮やかに浮かび上がるだろう。

この点では、ドイツがプロテスタント国家として宗教改革を遂行したのにたいして、オーストリアは古いバロック様式の伝統と反宗教改革の保守主義を旨とする。また近代国家へと脱皮しつつあったプロシャ的ドイツと没落のハプスブルク帝国と、両国は相当に対照的といっていいだろう。また、ドイツ民族主義とある種のコスモポリタニズムとの対比もそこに見られる。もちろんドイツとの対比ばかりの指摘では一面的に過ぎるだろう。ハプスブルクのオーストリアの中心もやはり一種のドイツ精神である。むしろドイツとの共通性と対立という両項のあり方のなかにこそ、つまりドイツ語を公用語としつつも、多民族・多言語・多宗教のコスモポリタニズムを包含しようとする志向のなかで、だから、こうした対立的両傾向のあいだを揺れ動くことのなかにこそオーストリア的なものがかいま見られるといえよう。いってみれば、オーストリアのドイツ人のなかには、オーストリア人とドイツ人の両方が住んでいる。

ところでさきほどのブリヨンは、ドイツのロマン主義運動とオーストリアのそれとを比較する。ここにも、興味深い手がかりが見られると思われる(『ウィーン　はなやかな日々』三三五頁以下)。彼によると、ドイツのロマン主義は悲劇的で、個人と宇宙の矛盾から発する苦悩や運命的観念に満ちみちている。「急進的反抗」「魔術的性格」「強烈な幻想」などによってそれが特徴づけられる。彼はヘルダーリンの詩、シューマンの音楽、自然を描くフリードリッヒの絵画などをその例としてあげる。ゲーテの『ファウスト』の主人公などがこのさい適切かもしれない。これにたいしオーストリアのロマン主義は、このような苦悩と深みをもたず、深刻さがない。それは牧歌的・調和的であり、いささか軽薄、軽い恋の戯れにも似ているという。彼はこのさい、シューベルトの音楽、コッホ、ワルトミュラーらの絵画などをあげる。もっともこのように断定してしまうと、ただちに反論が生ずるだろうし、ブリヨン自身もオーストリア的なものがそれほど単純ではないとことわってもいる。たしかにウィーン世紀末とは、華やかさと絶望感がないまぜになった状況である(この点は次章で詳述)。

ところで話はすこしずれるが、ウィーン気質というのは、日本でいうとどこか京都に似ているところがある。過去に栄華を誇った観光地としての古都・京都はハプスブルクに十分に匹敵するし、そこから生ずる優雅で洗練された風俗習慣の点でも同様である。さらにもの柔らかな京都弁は、同様になにか柔らかく歌っているようなウィーン方言にもおおいに似ている…。(5)

さてドイツとのこうした対比は、じつは哲学のあり方にも微妙につながっていくだろう。最後にその点を論じたい。もちろんドイツとオーストリアとは相互に豊かに交流もしてきたが、反面そこには、ドイツ哲学に対抗しようとするオーストリア哲学の傾向もまた現れてくる。ラインハルト・ピッチはオーストリア哲学の特質を問題として、それを「反観念論的」とする（「オーストリア的伝統におけるロマン主義」S. 26）。それもとくに、プロイセンのドイツ的精神を担った哲学者ヘーゲルの観念論への拒否である。なるほど、「絶対理念」「絶対精神」などを頂点とするヘーゲル流のドイツ的思弁こそ、オーストリア人の嫌うゲシュヴォレンの典型だろう。世界のすべての現象を概念へと変じ、それを体系内に満載してふくれあがった哲学こそ、オーストリア的自然らしさに反するというものだ…。そしてまた、「観念論」と訳されたドイツ語のイデアリスムスは、「理想主義」とも訳すことが可能である。理想を高々と掲げるというこうした傾向も、世紀末へと傾斜するオーストリアの文芸と思想にはなじまないだろう。

いずれにしてもここには、現実逃避の世紀末現象にも明示されるオーストリア的悲哀というものがすでに語られているのではないだろうか。

というのも、カントの超越論的哲学がその基礎を築いたドイツ観念論は、フランス革命への精神的な意味での積極的応答であり、そこにはドイツのブルジョアジーの台頭がこだましているからだ。じつはヘーゲルの構築した弁証法なるものもまた、あるがままの現実を承認することを否定し、批判的にのみ受容することを意味している。詩人のハインリッヒ・ハイネは、カント『純粋理性批判』の批判精神が、フランス革命のなかで国王をギロチンにかけたロベスピエールのテロリズムと内容上、対応していると喝破した(『ドイツ古典哲学の本質』一六五頁以下)。カントの批判は「世界を押しつぶすような破壊的な思想」だった。フランスが本格的な政治革命をやりとげたとすれば、それにやや遅れたドイツは「哲学革命」(同上一八五頁)をおこなったのだ。ところが他方、オーストリアの歴史では、これに見合った改革的で先進的な政治勢力も哲学・思想もまた、ついぞ安定的には形成されることはなかったと結論してさしつかえないだろう(6)。

(1) オーストリアの歴史については、倉田『ハプスブルク歴史物語』、土肥・他『ヨーロッパ近世の開花』、南塚編『ドナウ・ヨーロッパ史』などを参考とした。
(2) 倉田『ハプスブルク歴史物語』二三頁による。ただし土肥・他『ヨーロッパ近世の開花』二〇五頁では、神聖ローマ帝国の人口が二千万から一六〇〇万～一七〇〇万へ減じたという。「しかし近年の研究では、人口そのものが減少したのではなく、城壁で守られた安全な都市へ移ったとも主張されている」(上田『ウィーン』一一〇頁)という指摘もある。
(3) 四八革命の進展状況や当時の庶民の暮らしについては、良知『青きドナウの乱痴気』、同上『一八四八年の社会史』などが豊富な資料と図版でつぶさに描いている。彼はマルクスの革命論を批判して、四八年革命を支えた傭兵たちも、反革命の先鋒に立った勢力も、社会的階層としてはともにルンペンプロレタリアートであったと主張しており、興味深い(『一八四八年の社会史』、とくに一七四頁以下を参照)。
(4) ブリヨンは前掲書の第一〇章で、逆に一九世紀初頭の庶民の困窮ぶりを描いている。とくに三八六頁以下。彼の論調はすこし大雑把なようだ。
(5) 現代のウィーン人の生活や意識については、倉田『ウィーンの森の物語』が、みずからおこなったウィーン人とのコミュニケーションをつうじて克明に描いている。

（6）この章を書いてから、オーストリアに大きな情勢の変化が訪れた。そのことについて簡単に補足したい。それは、総選挙で第二党になった国民党と極右の自由党が二〇〇〇年二月四日に連立政権を発足させたということである（第一党は依然として社会民主党）。問題はこの自由党で、一九五六年成立後、ナチス勢力がこの政党に参加していた。党首のイェルク・ハイダーは、「強制収容所はただの刑務所だ」、「ナチス第三帝国の雇用政策には秩序があった」、「オーストリアにいる外国人は、すべて顔写真と指紋入りの身分証をつねに首からかけるようにすべきだ」などと発言する、ナチス礼賛の自民族中心主義の人物である。これにたいしEUや他の国が態度を硬直化させ、政治関係凍結などの制裁処置を発動させてきた。まことに不名誉な問題で、小国オーストリアがマスコミの話題となったものである。

この自由党進出の背景には、移民の増大（人口の一〇％近くを占める）に由来するとされる雇用不安の問題、いままでの連立政権のもつプロポルツという既得権への批判（省庁や国営企業のトップ人事を与党が握るシステム）、さらに緊縮財政や官僚主義への批判など、現実的根拠があるだろう。今回の選挙では、ナチス問題は争点にはならなかった。そして他方、この自由党の動きに反対する運動も活発におこなわれた。

［第二章］世紀転換期の思想と文化
――なぜ、いま「ウィーン世紀末」なのか？

「世紀末」のイメージ

世紀末、それはどこまでも混沌としており矛盾をはらんだもの、極端なまでの多様性だ。多様なものが多様なままで併存している曼陀羅のような世界だ。

オーストリアでいえば、まず民族の構成がそれを示している。ドイツ人、チェコ人ら一一の民族に加え、ユダヤ人がいる。そこではつねに、言語的混乱が一大事だ。まさにハプスブルク帝国の存在がその民族的多様性をなんとか結び付けていた。

オーストリアが西欧と東欧を結び付けようとしたところからこの多様性と混沌が始まる。それどころか、ハプスブルクは中東の強国オスマントルコの侵略にたいするヨーロッパの防波堤ともなったが、それは東洋的なものからの影響を受けることにつながる。トルコからの戦利品に、ウィーンっ子に欠かせないあのコーヒーがある！　遠く日本の浮世絵すらもが世紀末芸術にひとつの影響をもたらしている。それにまた、一九一三年に皇太子フェルディナンドの命によって日本庭園がシェーンブルン宮殿のなかに造られていたことが明らかになり、それが最近復元され、ふたたび私たちの眼を楽しませてくれることとなった。

ウィーンではひとは逸楽の民パイアケス人となり、芸術、ファッション、おいしい食べ物・飲み物が人生を彩り、ひとは耽美主義《エステティシズム》の化身となる。いわゆるカフェー文化もその類だ。ワインを飲みワルツを踊れば、すべてこの世はバラ色だ。しかしその生の享楽は、かえって人生のはかなさ・むなしさを引き寄せる。ウィーン、それはたしかに美しい。だがそれは、美しい死骸《シェーネ・ライヒ》そのものだ。

そこにも新しいものが生まれ出る。いやむしろ、驚くほど新しいものが学問、芸術、ファッションなどの分野で生まれた。それにはおおむね現実逃避の印がついている。そこに発生する新しいものは、それでも保守的なものにまとわりつかれ、死のにおいを漂わせている。それは保守革命の新しさだ。世紀末は生と死が、エロスとタナトスがせめぎあい、混沌とする宇宙だ。死こそ、ウィーンっ子の大きな関心事だった。生と死が転換する世紀末が生むものは、それは新しくとも、ふたたび死によって深く彩られている。

ウィーンとオーストリア、それはなんといっても、プロテスタントのドイツと明確に対置された、反宗教改革の古いカトリックのハプスブルクだ。強力な近代国家として形成されていくプロイセンに対比された、落日の王国・神聖ローマ帝国の末裔だ。効率的な軍事国家プロイセンに対比された、シュランペライ（いい加減、適当）の化石化した国家オーストリア。第一次大戦がなくても、この帝国は確実に滅びの道を歩んだだろう。興味あるのは、むしろなぜこの帝国が、この世紀末的状況を維持しつづけ、文化的・芸術的多産性を誇ったかだ。そしてなぜ突如として、その豊穣さを失ったかだ。

「ウィーン世紀末」をどう見るか？

ウィーンを中心として思想史的・哲学的研究をやりたいと思っていた私にとって、三つの文献が大きな指標としておのずから定まっていった。原著の出版年代順にいうと、カール・ショースキー『世紀末ウィーン』(一九六一年)、ウィリアム・ジョンストン『ウィーン精神』(一九七二年)、ジャニク／トゥールミン『ウィトゲンシュタインのウィーン』(一九七三年)の三冊である。だがこの三著作には、残念ながら相互への言及・批判がほとんどない。そしてウィーンやオーストリアの文化や思想の全体について展開したのは、ジョンストンの著作だけのようである。取っかかりを求めていた私にとって、偶然一九九八年夏学期(三月)から始まったコカイ・カーロイ(ウィーン大学哲学研究所)の講義は、まさに以上の三著作を基本文献としてはっきり掲げており、思わずわが意を得たりと思った。だが残念なことに、すでに私はウィーンを離れなければならない時期となっていた。以下では彼の講義草稿を中心材料として使って、なぜいまウィーン世紀末なのかを考えていきたい。

カーロイは一九〇〇年前後のウィーンの事例が現代、つまり二〇世紀末のどんづまりに暮らしている私たちにとっておおいに参考となるという。「ひとはここに、現在支配的であるもののなにか範型があると考える。一九〇〇年のウィーンには、今日私たちの世界を規定する矛盾が現れている」(「文化史のトポスとしての一九〇〇年ウィーン」S. 1）具体的には、当時のウィーンに現れた出版物やジャーナリズムの洪水、会議、万国博、展覧会などのイベントの開催の流行である。なお万博は一八七三年に開催され、明治新政府も出品し、それ以後日本ブームが巻き起こったという。さらにまた、ウィーンにおけるモード（流行）の存在であり、決まり文句として流通したことばの数々である。それはジョンストンから取り出すとすれば、とくに「治療ニヒリズム」であり、ショースキーでは「自由主義の危機」、科学哲学者エルンスト・マッハに由来する「自我の救いがたさ」というような表現である。

いまここで、「治療ニヒリズム」という風変わりな表現について簡単に説明し、そのあと「自由主義の危機」および「ハプスブルク神話」について述べよう。

「治療ニヒリズム」とは、ジョンストンによれば、もと医学の分野では、怪しげな薬にたよっていた前近代的な治療法を批判し、人間本来の自然治癒力を強調する立場である。それが社会に広まったとき、医療や薬は病気を治せない、社会の病弊や精神の衰弱も同じで、私たちはそれにたいして手の施しようがないというニヒリスティックな考えとなった（『ウィーン精神』p. 71f. 1 一〇七頁以下、p. 223f. 三三九頁以下）。まさに世紀末的な考えではないだろうか。ジョンストンは同様に、当時のウィーンないしオーストリアに流通した考えとして、ほかに「耽美主義《エステティシズム》」（後述）と「印象主義《インプレッショニズム》」をあげており、これらはすべて、「死とはなにか」というテーマに深くつながっているという（同上p. 165. 1 二五一頁）。耽美主義はさらに芸術至上主義などの意味をもつが、またこのなかで「印象主義」とあるのは、人生のはかなさ、その断片的性格の強調であり、ものごとの移ろいやすさを受動的に眺める態度を意味する。それはファッションや流行を重んずる都会人一般の生活態度にも対応するだろう。

ところで、科学哲学者のエルンスト・マッハが物質の堅固な構造を示す原子論を断固しりぞけ、熱烈な原子論者ルートヴィッヒ・ボルツマンと執拗に争ったのも、ここに密接に関連するだろう。なぜなら、マッハの流動的な要素一元論——そこでは経験が唯一の実在であり、意識とはひたすら連続した流れである——によれば、現実を複合的に構成する究極物質としての原子の存在は認めがたいからだ。マッハによれば、ふつう哲学が設定する「物体」や「自我」は、じつはそれ自体としては（実体として）存在しない。本当に存在するのは色、音、熱などの感覚要素であり、そこでは感覚器官の働きと外界がすでに融合している。「物体」などは仮説的に設定されたものにすぎない（『感覚の分析』第一章「反形而上学序説」を参照）。こうした印象主義的認識論からは、原子や分子もまた技巧的・仮説的な記号にすぎないという結論がおのずと導かれる（同上二五四頁に明示される）。もちろんマッハのこの主張は、いまでは原子論の確立によってその不当性が指摘される。だが認識論の問題として、まだ彼の投げかけたテーマは意味があるだろう。

いずれにしても、マッハもまた、イデオロギー的には、たしかに世紀末の思想家といえるだろう。「オーストリア哲学小史」を書いたカムピッツもまた、マッハの哲学について「世紀末の根本気分を概念化するものであった」と指摘している（『仮象と現実性のはざまで』S. 115. 一三二頁以下）。マッハがモダンな自然科学に傾倒していたことは、おそらくウィーン世紀末の現実に矛盾しないだろう。ちょうど現代哲学の旗手とみなされるウィトゲンシュタインが同じオーストリア出身者として、科学・技術畑から出発したのと同じように。むしろオーストリアでは、哲学者は社会科学、人文科学などよりも自然科学に結合することが多いのではないだろうか。ここに世紀末のもつモダニズムの面がある。時代をすこし前へさかのぼれば、「オーストリア哲学の始祖」とみなされるフランツ・ブレンターノもまたすでに、「哲学の本来的な方法とは、自然科学の方法にほかならない」という命題を残している（カムピッツ、同上S. 95. 一〇八頁)。ここに「オーストリア哲学とはなにか」という問題が同時に浮かび上がってくるだろう（これはIIIの大きなテーマとなる)。

自由主義の危機

とくにカーロイがウィーン世紀末の基盤として強調するのは、ショースキーのいう「自由主義体制の危機（Krise des liberalen Systems)」（『世紀末ウィーン』S. XIV. 一二頁）という構想である。ウィーン文化にはたしかになにかデカダントな匂いに満ちあふれているが、これは挫折した政治生活と平行した現象であり、これは同時に反ユダヤ主義とナチス出現の温床ともなったという。だからこの地では、それが「中欧」とみなされた場合、イギリス、フランスなどの西欧——さらにつづけて、長年のライバルであるドイツを加えることができると思われる——が達成したもの、つまり「進歩」「自由主義」「ヒューマニティ」「教養形成」などの近代理念がこの地で十分に根づくことがなかった。こうした政治的・社会的基盤がニヒリスティックな「ウィーン世紀末」の底流にあったことを、まずは無視できないだろう。

カーロイの根本テーゼは、ショースキーを継承して、「一九〇〇年前後のウィーンの創造性は、政治的・経済的・社会的な現実性のレベルでの欠陥が、文化のレベルで埋め合わされるという不十分性によって説明されるべきである」（前掲論文 S. 3）ということにある。つまりウィーンの驚くべきほどの広範な文化的・芸術的創造性は、政治的失敗、経済的近代化の欠如、ユダヤ人問題などをふくめて、一種の挫折の産物であり、その点でおそろしく屈折したものとなってしまった。それは結果として、現実を遊離した耽美主義《エステテイシズム》（感性至上主義、芸術至上主義などの意味をふくむ）の傾向を強くおびる。もちろんそのさい、カーロイは歴史的にいって、「ハプスブルク神話」（クラウディオ・マグリス）が醸成されてきていることを忘れてはいない。この点ではたしかに、「人間にとって哲学も医学も法学も慰めを与えないとすれば、芸術だけが幸福の追求に役立つことができる。ウィーン人の耽美主義は倫理的に鼓舞された芸術崇拝によって命を吹き込まれたのであり、この意味で、総合芸術の理想の実現への努力が広くおこなわれた」（サルマニー－パーソンズ『世紀転換期におけるウィーン絵画』S. 18）。偉大なる精神的・芸術的な伝統を背負っていながら、徐々に形骸化し、傾きつつあったハプスブルク帝国は、かえってその過去における黄金の伝統を輝かせはじめた。昔は今にまさる。あの繁栄の時代はもうもどってこないと。

すでに私はここで多くのことを補足しなければならないだろうが、このわずかで不十分な指摘だけからでも、なぜいまウィーン世紀末なのかということがかなりの程度おわかりいただけたことと思う。ここではまず、世紀末現象へと誘発した「自由主義の挫折」という基本的事態について簡単に説明しておきたい。そしてさらに次節で、「ハプスブルク神話」について述べておきたい。

オーストリアにおける自由主義の台頭は、一八六〇年代から九〇年代のこととされる。じつはあの「リング通り様式」と名づけられるさまざまな建築――ウィーン大学、ブルク劇場、市庁舎、国会議事堂、美術史美術館などに見られる折衷的な歴史主義的様式は、こうした自由主義勢力が都市再建に取り組んださいの産物である。ウィーンを観光し、その中心街を歩くとき、まず目立つのはこれらの壮麗な建築群であろう。だが同時に、彼ら自由主義的なブルジョアジーが、自分たち固有の芸術的様式を形成できず、単なる過去の様式のオンパレードしかできなかったことに、彼らのひ弱さを見ることも可能である。

ショースキーによれば、オーストリアの自由主義勢力は、古い貴族制やバロックの絶対主義と闘い、立憲政治と資本主義的な発展を目ざそうとした。彼らは、合理主義的で道徳的自制心をもつ人間、さらに科学による自然の支配がよき社会をつくるとみなし、そして教養あるブルジョアジーとして一定の美的・芸術的な価値を重んじた。ショースキーの掲げる「リング通りの開発を告知するパンフレット」(一八六〇年)を見ると、そこには、「法と平和を通じて力強く」と「芸術によって飾られて」という二つのスローガンが明快に描かれている(前掲書 S. 30. 五二、三頁)。これはたしかに彼らの方針を明示している。

オーストリア自由主義者の闘いのひとこまを経済学者・社会学者であったフリードリッヒ・フォン・ヴィーザーに見ることができる。彼は「限界効用」ということばを考案したひとである。彼はプラハ大学の学長も勤め、自由主義を広めようとしたが、民族主義の台頭に会い、挫折し、後年みずからファシズムへの好意すら匂わせる。ここで闘っていたのは、自由・理性・法などの啓蒙的精神と、力・大衆・支配などの反自由主義的な精神だろう（この点は、八木『オーストリア経済思想史研究』の第四章「ヴィーザーとオーストリア自由主義」を参照した）。

こうして、オーストリアの自由主義者たちは上流階級と闘い、下層階級に自由と民主主義的秩序を与えようとしたが、かえって彼ら下層階級はそれを利用し、自由主義に反乱を企てることとなった（同上S. 112 ff. 一五二頁以下）。そこに見られた奔放な大衆運動は、たとえば、チェコ民族主義、過激なドイツ主義（ゲオルグ・シェーネラー）、キリスト教的社会主義（カール・ルエーガー）、社会民主主義（マルクス主義）、ユダヤ人のシオニズム運動（テオドル・ヘルツル）などであった。とくにそこで反自由主義を展開した上記三人の政治家にショースキーは注目する。三人とも自由主義的合理主義や議会的秩序に反発し、大衆を煽動し、伝統回帰へと、つまりそれぞれゲルマン民族（シェーネラー）、中世的なカトリックの秩序（ルエーガー）、離散《ディアスポラ》以前のイスラエル王国（ヘルツル）への回帰を志向した。(1) 結局、反ユダヤ主義者のルエーガーが大衆の人気を勝ちえて、早くも一八九七年にウィーン市長となる。こうしてオーストリア自由主義ははやばやと挫折してしまうのである。

ハプスブルク神話

もちろんこれは現代的な意味での「神話」のことであり、「ハプスブルク帝国の文化に投影された人々の生活様式の特徴や雰囲気、価値観を表す概念である」（土屋「多民族国家と国民文学――オーストリアの場合」一九二頁）。この神話はウィーン世紀末当時の「自由主義の挫折」という現実をイデオロギー的に補完し、支える考え方である。この現代的神話は、ハプスブルク帝国の過去の歴史的事実に、いわば接ぎ木されるようにして生ずる。「昨日の世界」（ツヴァイク）が追憶の対象となるとき、ある社会の姿が、安定して秩序ある、絵のように美しいおとぎ話の世界へと昇華される。旧ハプスブルク・オーストリアは幸福で調和のとれた世界であり、その多民族融合のカトリシズムでヨーロッパを統括していた。老いたりとはいえ、この国は、「余の国の諸々の民に告ぐ」と述べる白髭の皇帝を頂点に、信じがたい美徳と忠誠心でまとめあげられていた…。

このハプスブルク神話は一種の政治的機能をになっていると、マグリスは指摘する。それは現実を美化し、過去へと目を向けさせることによって、「現実逃避」へとひとびとを誘う。それは、ますます存続困難となってきた帝国を維持するために、無意識的・意識的に案出されたのであり、単に政治的次元にとどまらず、ハプスブルク体制は、個人の感情や日常的な価値観へと浸透していった（前掲書二一頁）。多分、市民たちもインテリも、自分たちのほうからこうした神話による代償行為を欲していたのだろう。マグリスは「神話」には二つの意味がふくまれるという。第一は、現実の諸価値にたいする心からの賛美であり、第二に過去の世界をおとぎ話の国へと理想化することによって、現実を変形することである（同上二〇頁）。

マグリスは多様な文学作品の読解のなかからこの「ハプスブルク神話」の発生・発展を詳細に描写

しており、興味深い。オーストリア文学はこの神話に依拠し、みずからそれを増幅していった。彼はこの神話の特徴をおもに三つあげている。それは第一に、ハプスブルク帝国ないしオーストリア・ハンガリー二重帝国における超民族主義的な精神であり、第二に、官僚制に現れた心性であり、第三に、貪欲に享楽を求める、放縦な快楽主義である（同上三一頁）。

第一点にかんしては、多民族・多言語のドナウの諸民族は、神聖ローマ帝国のカトリシズム（普遍主義）とハプスブルクの国家理念、およびそこに栄えた精神文化をつうじて美しく調和していたという考えである。ハプスブルクはしばしば「ドナウ君主国」と呼ばれた。第二点は、そのハプスブルクは官僚制と官吏という人間のなかにみごとに体現されていたという考えである。現実への対応能力の欠如という欠点が、そこではなにごとにも動じないという「政治的不動主義」や「中庸の美徳」としてかえって美化され、皇帝以下全官僚がひたすら秩序維持に身を捧げた。ウィーンがとくに享楽的な都であったという第三の点では、上等なワイン、生ビール、カステラやトルテのお菓子、音楽の演奏や芝居の上演、ダンスと社交、美しき青きドナウ、陽気でかわいい町娘…、そうしたものが道具だてとなった。

だが同時に、マグリスが指摘するのは、衰微をたどるハプスブルクの歩みのなかで、精神分析、論理実証主義（ウィーン学団）、表現主義、カフカからムージルへいたる文学などの文化運動が驚くほど多様に生まれたということである。このハプスブルク神話の成立は、マグリスによれば、一八〇六年、神聖ローマ皇帝フランツ二世がナポレオン戦争のあおりで、オーストリア皇帝フランツ一世を名のったときからであるという(正確には、一八〇四年のできごとである。同上四二頁)。他方マグリスは、ヨハン・ネストロイの喜劇を中心に、いわゆるビーダーマイヤー期をこの神話の成立期とみなしている(同上一三八頁)。フランツ一世とビーダーマイヤー期、この両者は別のことがらではあるが、一八世紀前半のできごととして、それぞれ政治的側面、文化的側面として相補的に考えられるかも知れない。ともかく、こうして神聖ローマ帝国は消失したが、ドイツでの覇権を失いつつあった当時のハプスブルクから醸成されたのが、「諸民族の君主国」という神話であった。それはプロイセン的な前向きの近代化とは別の道であり、反啓蒙主義的で、神聖ローマの伝統を背負い、「気高く厳粛な亡びの風土」から発するものであった。

現代と「ウィーン世紀末」

さてひとは現実の矛盾をやむなく融和するために、現実に依拠しつつも「神話」を創造する。オーストリアの担った輝かしい伝統と没落しつつある現実とは、まさに神話創造のかっこうの素材だったといえるだろう。そしてオーストリアにおける自由主義の挫折とは、その中核にあったできごとだった。

ところで、以上のオーストリア自由主義を啓蒙的な合理主義の立場と一般化すると、まさにこれは、欧米各国がその基盤としてもっている近代そのものの原理ではないだろうか。それが西欧の他国のように十分に自由に開花しなかったところにオーストリアの独自性ないし悲劇があるとしても、じつはそれは近代一般のはらむ運命と矛盾そのものを小さな規模で描いていることにならないだろうか。つまりウィーンとオーストリアは、はやばやと近代合理主義の挫折をたどり、世紀末においてそこからの脱出の悲劇を上演してみせたのだ。ウィーン世紀末とはその意味で、現代の世紀末現象の先取りであり、ポストモダン的状況の予知である。ここにこそ、ウィーン世紀末がたえず現代人をひきつけてやまない根拠があるといえないだろうか。現代人はウィーン世紀末をひとごととは思えないのである。まるで自分たちのことをいわれているようだと。

二〇世紀末の現代との類似という点で、さらにいくつかのことを補足したい。

リング通りの高級アパートと対比的に、当時、労働者の住宅問題などがあらたに発生してきた。市民＝資本家の内部に発生した階級対立と労働者の貧困の問題は、私たちの生きる現代において、いまでも多様なかたちで広がっている。さらに一八七三年、万博開始後に、ウィーンの証券取引所で株式が大暴落したことも、いかにも現代的である。私たちもまた、いまバブル経済に踊らされ、その後遺症に苦しんでいる。当時の「ブラック・フライデー」は、土地と株の投機の結果発生したものだった。自由主義経済が反道徳的なものだという批判は当時もあったが、このことが事実でもって明るみに出たのである。さらに一八八一年にリング劇場が全焼し、三八六人の死者がでたという事件も、近代設備がまかりまちがうと多くの犠牲者を出すということを告知した。上記の事件はウィーンのひとびとに深い傷痕を残したといえる。ここで、科学・技術がかならずしもひとびとを幸福にしないということが示された。近代化はたしかに新しい時代を画したけれど、それにともなう負の側面もはっきり見えてきたのである（ウィーンにおける近代＝現代の限界という問題については、山之内『ウィーン』一三四頁以下に明示される）。

近代西洋が一七世紀あたりから段々と達成してきた「合理主義」「進歩」「個人の自由」「科学への信頼」などの価値理念が大きく揺らいでいるのが現代二〇世紀であることはいうまでもない。そしてバロックからの宗教的・芸術的伝統をここでひとつ付け加えるならば、死への想念（メメント・モリ——死を想え）が強調されるのがオーストリア世紀末であった。一種の死生学《サナトロジー》、これも現代世紀末の一風景ではなかろうか。

この点では、すこし時代をさかのぼるが、すでに三一歳のモーツァルトがまことに興味深い手紙（一七八七年四月）を父親あてに書き送っている。その大要はこうである。

死は厳密には、ぼくらの生の本当の最終目標です。ここ数年来、死は自分の最上の友となり、死をすこしも怖くなくなりました。それどころか、それは自分に慰めを与えてくれます。ぼくはベッドにつくたびに、もう明日はいなくなってしまうのではないかと思います。だからといってこうしたぼくを、不機嫌とか憂鬱なひとだとかいう者はいないでしょう…（吉田編訳『モーツァルトの手紙』二三六頁以下）。

まったくの合理主義者からすれば、生の終わりが死であり、そして死んだときには当人にとって死は意識されないのだから、そのひとにとって死はいわば無である。したがって私たちは、あえて死について考える必要はない。死ねば、すべて終わりである…。だがここでは、だれをも平等に襲う死こそが生の完成だと、転倒的に語られる。そういえば、たしかに死の想念が生を意義づけるし、生の苦しみから最終的に解放できるのは、死後の永遠の休息でしかない。こうした着想をモーツァルトは、フリーメイソンから得たという（同上、二三七、八頁にそのように示唆されている）。「死」は生きている者にとって、経験できない永遠の問題であり、解きがたい形而上学的問題である。だが「死ぬこと」はひとつのありふれた事実であり、そこに謎はない。この両者は混同されることはできない。

ユダヤ人問題

さらにまた、のどに突き刺さった小骨のように、ユダヤ人問題がつねに多民族国家ハプスブルク帝国とオーストリアを苦しめてきたことは周知のことである。いまでもスウェーデン広場付近の石畳の通りにユダヤ教会堂《シュナゴーグ》があるが、そこはつねに自動小銃をもった警官が厳重に監視している。中東戦争が続いた七〇年代にアラブゲリラがここの神殿をテロによって血の海にしたからである。放浪の民ユダヤ人の根なし草的性格にも、さきのカーロイはまた目を向ける。「ユダヤ人が根なし草だったということはまた、彼らが都会的であり、だから都会的な、つまり現代的な文化の担い手だったということを意味する」（「文化史のトポスとしての一九〇〇年ウィーン」S. 4）彼自身ユダヤ人であった若きマルクスにしたがってあえて付け加えれば、あくどい商売と金に固執するユダヤ人のイメージから、資本主義化・近代化とはまさに全ユダヤ化にほかならなかったといえないこともないだろう（「ユダヤ人問題のために」三二〇―四頁参照）。

ウィーン世紀末の豊穣性の主原因は多くの場合、そこに参加したユダヤ人の活躍に求められる。もちろん関係者すべてがユダヤ人ではないが、精神分析の始祖フロイト、現代哲学の旗手ウィトゲンシュタイン、現代音楽の代表者マーラーやシェーンベルク、文学畑ではシュニッツラーやクラウス、法学者のケルゼン、オーストリア・マルクス主義者のマックス・アドラーら、彼らユダヤ人がそれぞれ斯界のリーダーであることに疑いはないだろう。彼らの根なし草的性格こそ、まさに世紀末的である。なぜ彼らがそれだけの力量をもちえたのかには、彼らの裕福な家庭が彼らに文化人的・知識人的役割を期待したこと、ヘブライ語やタルムードの学習が知的・言語的な刺激を与えたことなどが考えられようが、これは依然として謎ではないだろうか。ジョンストンは「ユダヤ人の知的傑出」について詳論しているが、それでもまだ十分に説得的ではないようだ(『ウィーン精神』p. 23 ff. 1 三三一—四一二頁)。そしてナチスの侵略による反ユダヤ主義が、ユダヤ人の撲滅・追放政策とともに、ウィーン世紀末以後の文化的・思想的な豊かさを一挙に奪い去ったこともまた事実であろう。

ユダヤ人を中心部隊とした彼ら文化の旗手たちは、池内紀によれば、ハプスブルクの大貴族層に「市民戦争」を挑んだのだという。彼ら「つねに傷ついてきた者」は文化の衣装を着けた「市民戦争」を遂行したのだとされる(『ウィーンの世紀末』四二頁以下)。面白い比喩だが、これを civil war つまりことばの広い意味での「内乱」と解せば妥当するだろう。しかし、肝心なことは、彼らはさきほど触れた近代的自由主義者の立場にはなく、むしろそれよりさきに進み、むしろ父親の世代である近代ブルジョアジーの文化に、フロイト的表現でいえば、「エディプス的に」反抗したのである。それゆえにこそ、彼らは近代にではなく、それ以後の世紀末的立場、つまり現代に到達しえたのだった。

「世紀末」という表現は妥当か?

ところで、ウィーンとオーストリアのあの時代をもっぱら「ウィーン世紀末」と呼ぶことは誤解を招くかもしれないし、すでに事態を一面化しているといえるだろう。たしかにそれは、落日のハプスブルク王朝、おごそかに死を飾るカトリックという宗教、皇太子ルドルフやオットー・ワイニンガーらを代表とする自殺の流行、さらにフロイトの精神分析と性の問題、気むずかしい完全主義者ウィトゲンシュタインの哲学(Ⅲの第五章で詳論)、またムージル、ホフマンスタールらの世紀末文学、さらにグスタフ・クリムト(本章後述)、エゴン・シーレらのエロスとタナトスをテーマとする絵画などに着目すると、克明に現れてくる現象ではある。この点でたとえば、ロート美恵は『「生」と「死」のウィーン』で、ウィーン世紀末の絶望的で魅惑的な状況を克明に描いていて、興味深い。だが、残念ながら、ここにはショースキーの試みたような、政治と文化・芸術の密接なつながりへの考察は見られない。

しかし、いずれにしても、「〈世紀末〉という言葉には懐疑的な終末論的なペシミズムの背後に、その疑いを払いのけ、否定的なものを相対化しようとするアンビヴァレンツなものが隠されている」(木田・他『二〇世紀思想事典』における「世紀末文化」の項目を参照)。その点で、「一九〇〇年ころのウィーン(Wienum 1900)」とか「ウィーン世紀転換期(Wiener Jahrhundertwende)」といえば、事態を客観的に表現していることになるだろう。あの時代をひたすら耽美主義、デカダンスなどの表現だけで片づけることはできない。モダニズムや合理主義など、それに抗する他の傾向も数多くあるからだ。この点では、ロート美恵と対照的に、山之内『ウィーン――ブルジョアの時代から世紀末へ』は、もっと客観的に、「美と頽廃の世紀末都市」といったイメージから距離を置いた市民像を描いている。

あのフロイトすらも、当時の治療ニヒリズムに抗して精神分析を始めたのである。彼は癌と壮絶な闘いを続けて生きのびた。音楽、文学、絵画、建築、装飾などの分野だけでなく、自然科学や医学、さらに経済学（カール・メンガーら）、法学（ケルゼンら）などもウィーン大学を中心として発展していたことも見落とされてはならないだろう。ところで、「政治的無関心」というのも、当時のウィーン社会の傾向を語る表現である。だが当時、オーストリア社会民主労働党の活躍もめざましく、ヴィクトール・アドラー、オットー・バウアーらがオーストリア・マルクス主義を創出し、ソ連型のマルクス主義に対抗した。ベートーヴェン・ハウス（遺書の家）のあるハイリゲンシュタット駅には多くの観光客が乗降するが、すると駅の真ん前に薄茶色のカール・マルクスホーフがその一二〇〇メートルの幅広の姿を現す。一九二〇年代に建てられたこの巨大なアパートは労働者の住居であり、社会主義政権の産物である。彼らはついに、一九二三年から三四年までウィーンで社会主義政権（市長カール・ザイツ）をつくりだした。世紀末当時ウィーンでは、わずか一〇万の教養と財産のあるブルジョアジーにたいし、一五〇万の非文化的で貧困にあえいでいたひとびとがいることを忘れてはならないだろう。彼らこそ「赤いウィーン」出現の政治的基盤なのだ。また、女性解放運動のローザ・マイレーダー、啓蒙主義的な社会改革家ヨーゼフ・ポパー＝リュンコイス、ノーベル平和賞受賞者のベルタ・フォン・ズットナーらは、治療ニヒリズムと闘い、社会問題と取り組んだ。

哲学の分野でいえば、モーリッツ・シュリック、オットー・ノイラート、ルドルフ・カルナップらの「ウィーン学団」の思想運動は、自然科学を中心とした、きわめて合理主義的で進歩的な学問運動であった（Ⅲの第六、七章を参照）。それは古い形而上学と観念論に断固、戦いを挑み、新しい数学的論理学を分析の道具として「論理実証主義」を自分たちの旗印とした。そしてこの立場は、日本ではその後「分析哲学」などと呼ばれて、戦後から一九六〇年代ころまでマルクス主義、実存主義とともに哲学界の一翼を担った。この分析哲学は精密な方法と論理を重んじ、もっとも科学的でモダンな哲学であった。この哲学の始祖が世紀末出身のウィーン学団だということは、いささか興味深い事実でないだろうか。

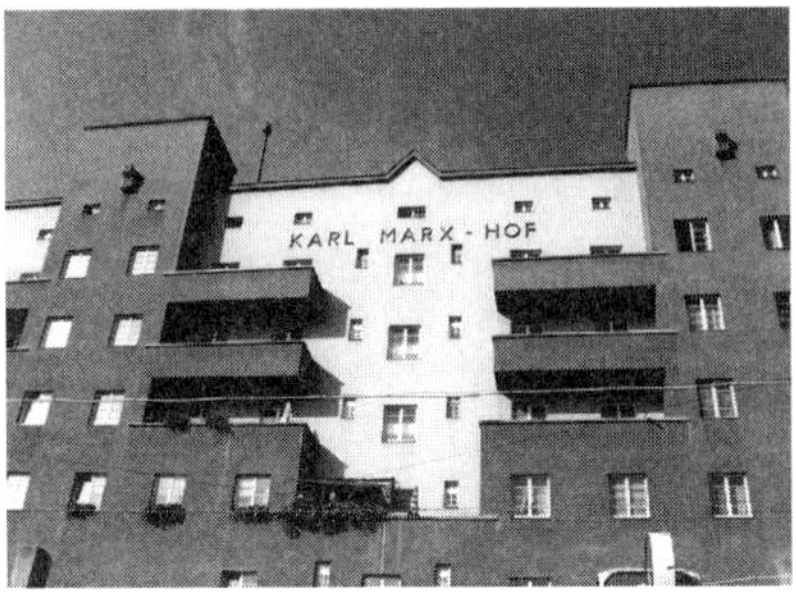

カール・マルクスホーフ

そしてとくにノイラートは「万能の天才」と称せられ、シュリック亡きあとウィーン学団を指導し、物理学、数学、経済学、社会学、建築、グラフィック、成人教育などの広範な分野で活躍した。私は彼が創設した「社会経済博物館」をウィーンに訪れたが、残念ながらそこにはもうノイラートの痕跡はまったくなかった。だが彼こそ、ウィーンの治療ニヒリズムに果敢に挑戦した一人といえるだろう。

また、ユダヤ人であるマルチン・ブーバーの対話の思想もまた、気高い理想と粘り強い実践に貫かれたものであり、彼は「対話の社会主義」ともいうべきものを構想していた（詳細は島崎「マルチン・ブーバーにおける『対話の社会主義』」を参照）。

さて、「ウィーン世紀末」ということばによって、一般にきわめて矛盾し錯綜した人間や文化のあり方が意図されるが、それでもこの表現は、相対的にいって、やはり事態を単純化していると思われる。以上のようにして、歴史事実としてのウィーン世紀末は、そのことばが含意する以上にはるかにまた複雑で錯綜しているのだ。

「陽気な黙示録」としての世紀末

この点ではさらに、別の角度から田辺秀樹はウィーン世紀末のイメージの修正をはかろうとする。彼がいうには、あまりにもこの時代の「終末」や「没落」の側面が強調され、またもっぱらエリートの高級文化が中心で、大衆文化が視野に入れられていない。そのために、そのイメージが全体としてなんとなく陰惨で暗い、孤独で高踏的な印象のものになっているという。「だが、世紀末のウィーン、より正確には世紀転換期のウィーンは、まず第一に決して暗い時代ではなかった。むしろ急速な科学技術の進歩と経済発展を背景とする前向きの時代であり、文化の面でも…、全体として暗い『終末』というよりは、むしろ明るく華やいだ『始まり』だった。」（田辺「陽気なミューズの世紀末」一五四頁）。またこの論文をふくむ『ウィーン世紀末の文化』の「まえがき」（ハインツ・ハム執筆）でも、デカダンス、ディレッタンティズム、神経衰弱、印象主義、死と生などの決まり文句で語られるウィーン世紀末のイメージを修正しようとし、ウィーンが古風で美しい町であっただけでなく、同時に活気にあふれたモダンな都市だったと述べられている。

とくに田辺が大衆文化にかんしてあげているのは、オペレッタの隆盛（たとえば、レハールの「メリーウィドウ」）とキャバレーブームである。この洒落た小空間では、演劇、寸劇、詩の朗読、漫談、シャンソン、ダンスなどが多様に演じられた。もちろんそれから、シュトラウス親子の演奏するワルツの大流行というような現象も忘れられるべきではないだろう。

しかしそれにしても、と私は思う。世紀末とはそもそも、暗さや陰惨さ百パーセントのものではなく、ましてや健康な明るさや陽気さに満ちみちたものではけっしてないだろう。華やかさ、明るさがかき立てられればられるほど、その裏にある暗さ、不安、展望の無さ、不気味さなどが目立ってくる。むしろそれをを払拭せんがために、さらに明るさ、陽気さを装うのではないだろうか。それはやはり「陽気な黙示録」（ヘルマン・ブロッホ）という矛盾物なのだ。

クリムトの絵画に触れて

ウィーン世紀末現象の典型のひとつはグスタフ・クリムトの絵画だろう。彼の絵画は一般に、金色を中心にきわめて多彩で華麗であり、植物的な模様をふくめ、豪華な装飾をともなっている。だが同時に、老いや死、邪悪なものといった哲学的テーマも現れる。谷川渥はその点で、クリムトにおける「蛇」のモチーフに注目し、それを水陸両棲・男女両性的で、生と死の境を消す存在というイメージと結合する。いずれにしても、このくねくねと動き、しなやかで不気味な存在がクリムトの絵画で頻出

分離館

することにまちがいはない（谷川「世紀末ウィーンの美術」参照）。ちなみに蛇は、フロイトでは、男性性器のシンボルであった。

　ところでショースキーは、クリムトの絵画に鋭く深い分析を加えている。一八九七年クリムトは既成の美術家協会を脱退し、分離派（Secession）を創設した。ショースキーはこの新しい芸術運動の特色として三つのことをあげており、興味深い。

　第一に、それが既成の権威へのエディプス的反抗であったこと。
　第二に、それが当時の近代人の心理にその本質を示そうとしたこと。
　第三に、多忙な近代人に芸術によって避難所を与えようとしたことである（『ウィーン世紀末』S. 201-4. 前掲訳、二七〇—三頁）。

　第一の点では、フロイトの精神分析（とくにエディプス・コンプレックスの理論）との同質性がただちに連想されるだろう。第三の点では、あの白い分離派の展示館が静粛のイメージを求めて異教徒の神殿風に創られていることが特記される。とくに第二点についてクリムトにそくしていえば、近代人がみずからのアイデンティティを、この世紀末の時代にはたしてどこに求めたのかが問題となる。近代性を解放した近代人の不安な心理のゆくえの追求がクリムトの芸術的課題であった。

以下、とくにいま述べた第二点についてさらに敷衍したい。

さきに述べた谷川の分析を継承していうと、クリムトの絵画でもっとも世紀末的なものは、なにか不気味な下等小動物でも、死神でも悪魔でもなく、エロス的存在としての女そのものの姿態だろう。こうしたフロイト的なエロスというテーマは、じつは画面に描かれたさまざまな女を見る男の視線に由来するといったらいいすぎだろうか。もっと具体的にいえば、そのモデルたちと奔放に愛を楽しんだクリムト自身の表層から深層へといたる心理がそこに描かれてある。だが、エロスとそれにともなう快楽というテーマは、それにとどまらず、世紀末では不安・破滅・死へと直結せざるをえない。男は女に魅せられるが、それは同時に、女が巻くとぐろに落ち込むことになるのではないかという不安の始まりでもある。そこでは獲物を待つ蛇のイメージと、奔放でくねくねとして捉えどころのない女のそれとが重ね合わされるだろう。

たしかに絵画「接吻」(一九〇七—八年)における、華麗に装飾された光景のなかで抱擁する男女の足元には、だが、黒々とした不気味な奈落が口を開いている。女は陶酔の表情である。しかし、二人はいかにも不安定な場所で抱き合っている。これは男の心理の、いやあえていえば男性的な近代的理性の描写ではないだろうか。「接吻」にはだから、恍惚や陶酔だけが描かれているのではないだろう。千足伸行は論文「生の高揚と死の陶酔」(二七頁)で、クリムト「接吻」からエゴン・シーレ「枢機卿と尼僧」への絵画の変遷を、「夢から覚醒へ」「恍惚から不安へ」「生の高揚から死の陶酔へ」「楽園から失楽園へ」などと特徴づけている。そのように特徴づけられる面はあると思うが、クリムトの「接吻」は、

「ユーディットII」

「接吻」

そう簡単に割り切れない複雑性をもつと思われる。

こうした志向は「ユーディットII」(一九〇九年)で典型的に現れる。ユーディットは敵将ホロフェルネスに女の魅力で接近し、その愛の褥で彼の首を掻き切る。暗いまなざしをして、ぞっとするような固く冷たい表情のユーディットは、左手にホロフェルネスの首をぶらさげている。彼女の肢体はおそろしい緊迫感をただよわせている。そして彼女を包む衣装はクリムトのデザインによる瀟洒なユーゲント様式であるが、彼女の上体の回りにあるヒモ状の模様は、明らかに蛇を連想させるだろう。

だからクリムトの世紀末的絵画は男のそれであって、描かれる女は男の目から見た、鑑賞される客体であるといえないだろうか。初期を除き、彼の絵画ではほとんど男は登場しないし、描かれたとしても男はリアリティをほとんどもっていないといえるだろう。そして彼は、自画像を多分一枚も描いていない。(2) もっとも、クリムトの描いた女性像を単純にまとめてはいけないだろう。それはおもに、パトロンらの婦人の肖像画（いわばシラフの女）、「ユーディット」Ⅰ、Ⅱや「ベートーヴェン・フリース」に見られる宿命の女《ファム・ファタル》、それから陶酔にひたる女というように、三つに区分されるだろう（ネーベハイ『クリムト』三〇頁以下を参照）。

「世紀末」の未来

こうしてウィーン世紀転換期の現実が、なぜ、いかにして二〇世紀末に生きる私たちにとってかぎりなく魅力的であるのかという問題の一端が提示されてきたと思われる。「そうとも、反論はあるだろうが、カカーニエン（オーストリア・ハンガリー二重帝国の愛称、ムージルの造語）はやはり天才たちの国だった。たぶん、だからこそ没落していったのである」（池内訳『ウィーン世紀末文学選』三四六頁）それはたしかに、期待に違わない作品群をじつに広範囲にわたって残してくれており、私たち現代人の感性と知性を刺激しつづけている。ウィーンの文化状況は、期せずして現代の明暗や運命を、さらにそこにふくまれる不安や挫折を先取りし、予示している。前に述べたように、とくにフロイト的な精神分析は、つまりエロスとタナトス、心の病とその治癒という問題は、ますます現代人にとって焦眉のテーマとなっている。ウィトゲンシュタインの哲学も、いまや日本では、「癒しの哲学」として読まれることが多い。そして「治療ニヒリズム」は、また現代の病でもあるだろう。

とはいえ、ウィーン世紀末をまったくのどんづまりやこの世の終わり、ハルマゲドンのようなものと解することはできないものと思われる。そこではたしかに、死すべき古いものと生まれてくる新しいものが闘っているのだ。もちろん明快な展望は見えていない。それはニヒリズムに侵されながらも、新しいものを暗中模索している状態でもある。そしてそこでは、そうした特異で矛盾をはらんだ弁証法的状況がはじめて産みだす多産性と創造性が問題とされている。その意味で現代の世紀末も同様の状態にあるといえるだろう。世紀末的な危機というのは、早晩滅びざるをえない人類の運命を極端に圧縮した状態である。そしてそのなかでも、ひとは束の間の生を楽しむことができる。ここに私たちがかぎりなくウィーン世紀末に魅せられる根拠があるし、おおいに学ぶべきものがこのなかに潜んでいるともいえるのではないだろうか。

ところで、ウィーン世紀末に見られる、伝統と革新の葛藤と両者間の継承というテーマも、現代的な、いや永遠の問題だろう。当時のブルジョアジーの折衷的な歴史主義的文化に対抗するユーゲント様式と分離派の運動にその典型が見られる。彼らは時代に即応した芸術を模索した。彼らの建てた分離館（ゼッセッシオン）には、「時代にはその芸術を、芸術にはその自由を」というスローガンが刻まれている。さらにオートー・ワーグナー、それからアドルフ・ロースらのモダンな建築様式。そして、そのユーゲント様式ないしアール・ヌーヴォーは、その植物的な曲線模様という点で、意外なことに遠くハプスブルク・バロックの様式を継承しているといわれる。「アール・ヌーヴォーがバロックから学んだのは、植物的な曲線デザインであった」（海野『ハプスブルク　美の帝国』九四頁）。なお、バロックからユーゲント様式ないしアール・ヌーヴォーへの継承の指摘は、ジェルマン・バザンによって先駆的におこなわれたという（同上一〇三頁以下参照）。こうした文化の継承関係も興味深いところである。「世紀末」とは、結局のところ、私たちの現代が陥る究極的状況である。それが新しきミレニアム（千年紀）の幕開けとなるためには、この運命が克服されねばならない。ウィーン世紀末現象の全体になにがしかの問題提起をなしえたところで、私はこの稿を閉じたい。

（1）南塚編『ドナウ・ヨーロッパ史』二三五頁以下では、当時の大衆政党として、「キリスト教社会運動」「社会民主主義運動」「国粋主義運動」「農民主義運動」（これはおもにオーストリア以外）が列挙され、わかりやすく解説される。世紀末の政治情勢については、さらにロベルト・ヴァイセンベルガー「世紀末前後の政治情勢」（ヴァイセンベルガー編『ウィーン　芸術と社会』）三二一頁以下が、豊富な図版とともに参考となる。

（2）私はのちに、クリムト自身がこう述べているのに出会った。「私についてはひとつも自画像は存在しない。私は絵画の対象として自分自身に関心はない。むしろ他のひとたちに関心があり、なかんずく女性に関心があり、さらには他の現象に関心がある。」（ベルンゼン『グスタフ・クリムトのアルバム』S.8）ここに書かれた「他の現象」の中心は、自然の風景だろう。そして厳密にいうと、彼はブルク劇場の階段の間に描いた絵画のなかに自分をひそかに登場させている。だがこれは、自画像といえるほどのものではない。

［第三章］ウィーンにおける私の「宗教体験」

カトリックと教会の活動

私は第一章において、ウィーンとオーストリアの簡単な歴史とそこで培われた気質を紹介した。そしてそのなかから、「ウィーン世紀末」という重要な文化的・歴史的特質がおのずとわき上がってきた。それを扱ったのが第二章であった。それを受けて第三章では、オーストリアという文化を考えるうえでもうひとつ欠かせない要素である「宗教」をとり扱う。そしてこのテーマは、おのずと宗教教育（＝人間形成）の問題につながっていく。

ところで、地下鉄シュテファン広場の駅からエスカレーターで地上に出ると、いかにも古色蒼然とした感じのシュテファン大聖堂が一三七メートルの姿をまぢかに現す。はじめてこの地を訪れたひとはこのドームとの出会いを印象深く思うにちがいない。それはケルンの大聖堂ほど巨大ではないが、狭い広場にあるため、それを比較的遠くから眺めることができず、いつもそれを周囲から見上げることになる。この大聖堂はシュテッフルという愛称をもち、ウィーンのひとびとの信仰上の支柱となっている。

私はウィーンに滞在するなかで、ここでカトリックと教会の影響力がいかに強いかを実感した。もちろんここには他民族・外国人が多く住んでおり、宗教的にも多様である。ところで宗教というと、日本では一般に、その宗教団体にはいっている信者以外にはマイナスイメージしかないと思うし、仏教であれ、キリスト教であれ、冠婚葬祭以外の場ではそれはまったく縁遠い存在である。熱心な信者で非宗教者にも深い感銘を与えるひともいないわけではないと思うし、宗教者の国際シンポジウムなどが日本で開催されることもあるけれど、多くの場合、宗教の熱心な信者といえば、いわゆる新宗教、新々宗教をふくめて、ただひたすら極端な教説にもとづいて布教活動をしているという感じしかしない。つまりもっと現実的な意味で、宗教が一般社会で暮らす人間にたいし、積極的影響を与えるということはほとんどないようだ。

シュテファン大聖堂

たまたま私は日本で通りを歩いていたら、元気よさそうな若者から、○○中央教会と書いてあるビラをもらった。それには「大切な愛のお話」とあって、神の世界創造、イエスの到来の目的、聖書の重要性などについて簡単に述べてあり、「イエスを通らないものは地獄で永遠に苦しむ」などと書いてある。最後に、「正しい真理の道は創造主であるイエスさまを信じること以外には何もありません」と結ばれている。私も悩み多き人間であるが、率直にいってこのビラは、残念ながら非宗教者になんの感銘も与えない。そこには、宗教者とそうでないひとたちを貫く「真理」が書かれていないからだろう。「地獄へ落ちる」などといわれれば、かえって悪印象をもつだけではないだろうか。

むしろ仏教など、猛烈に働いてきた経営者がそうした社会的活動と他人とのかかわりから身を引いて参籠し、ひとり静かに座禅を組む、などというイメージで考えられる場合が多いのではないだろうか。オウム真理教事件などを見ると、極端な教義にもとづいた新興宗教が社会に働きかけようとすると、そこにとんでもない事件が起きてしまうのである。だが、私がウィーンで実感したのは、宗教(とくにカトリック)がさまざまな分野で一般市民に積極的に働きかけており、彼らの精神生活のみでなく社会生活における困難を除去しようとしていることである。これは日本という国で暮らす私にとって、新鮮な驚きだった。(1)

私は以下で、宗教についてウィーンで経験したこと、考えたことを述べ、そののち宗教教育の教科書について紹介・検討したい。

ところで、ウィーンの教会に行くと、そこにだれでもが買える教会の新聞がある。たとえば、『全体世界――文化・教会・大陸』という新聞があるが、そこでは「生命のための同盟」などのテーマで世界各地の社会問題(たとえば、飢餓、病気、貧困、子どもの虐待)が取り上げられ、そこでの教会の活動が報じられている(春・秋号、一九九七年)。

また『教会新聞』の表紙には、スーダンを襲う飢餓の状況の写真が大きく掲載され、鮮烈な印象を残している。頁をめくると、その飢餓問題の詳細が報告されている。「食べるものは砂だけだ」というタイトルとともに骨と皮となった幼児が母の乳房にむしゃぶりついている写真もある。また、一九六八年当時の「プラハの春」の記事が、五〇周年ということで大きく掲げられている。「三〇年前の八月二一日、ソヴィエト軍の戦車がチェコスロヴァキアにおける自由への希望を打ち砕いた」(『ウィーン教会新聞』三四号、一九九八年)。もちろんカトリックの示す世界情勢の認識のありかたを批判することは可能だろう。だがそれでも、たえずひとびとを苦しめる矛盾と問題を全世界的規模で見すえていこうという精神は貴重だと思う。最後の頁には、カリタス(慈善)、つまり施し用の振替用紙も折り込まれている。通りでも駅でも、「私の施しは生きている。アフリカ、アジア、ラテンアメリカで」というじつに大きなポスターを見かけたが、これは一般人への呼びかけでもある。日本では、仏教の寺院などがこうした社会的活動をおこない、それをたえず一般市民に報じているのだろうか。

教会は信者らにたいして一方的に施しを要求しているわけではないようだ。私の住んでいた近くの教会の入口に張ってあったビラにも「カリタス」と書かれてあるが、これは逆の内容だった。「あなたは助けを必要としている。——庭仕事のときに、引っ越しのときに、春の大掃除のときに、子どもを世話してほしいときに、ガラクタの片づけのときに、ちょっとした修理のときに」それに加えて、「私たちは官僚的とはちがった仕方で、至急あなたを援助します」と書かれてあるのには、ナルホドと面白く思った。まったくウィーンは一面、警察、市役所などが不親切な町であるからだ。それでは、こうしたありがたい援助は信者以外にはまったく無縁なのだろうか。さきほどの新聞の内容を見ても、どうもそうではなさそうだ。私たち家族はウィーンで得がたい経験をした。

慈悲の友の会・修道士の病院

ウィーン滞在中、下の息子が扁桃腺炎にかかったようで、四日ものどの痛みが続いており、とても困っていた。ちょうど掃除婦のワーグナーさんが来てくれたので、彼女に相談したところ、ひとつの総合病院を紹介してくれた。そこへタクシーで行き診察をうけ、ペニシリンのはいった錠剤を二箱もらった。病状はどうやらもう大したことはなさそうだ。さてひと安心ということで、どうやって代金を払うのかと思っていたが、あとの指示がいつまでも来ない。看護婦に問うと、なんの医療保険にはいっているのかと聞く。旅行者用の私的な保険にしかはいっていないと答えると、お金は要らないというので、キツネにつままれた感じになった。まちがいかと思ったのだが、本当にお金は払わなくていいのだ。いままでの経験だと、簡単な診察でも保険なしでは五千円以上はかかる。

この病院の名前は、「慈悲の友の会・修道士の病院」。これはウィーンでも最古の病院だそうで、この組織は病院や救貧施設などを開いて、貧者、病人などを救済する伝統をもっている。この病院は、宗教、世界観、民族の区別にかかわらず、すべての困窮者に門戸を開いている。日本でこんなことが考えられるだろうか。しかもこの病院は、とても立派で清潔な感じのするものだった。大規模な病院で、近代的な設備をもっていると思われた。とにかくお金もなくて病気になったら、私たちのような

外国人であれ、この病院へかけこめばいいのだ。なんとありがたいことではないだろうか

ところで、この修道会にはいるには、長期間の試練をへるという。彼らは小さな共同体のなかで暮らす。祈り・労働・休養が日課であり、彼らの生活の基礎は、福音書の教え（清貧・服従・独身）にある。もちろん隣人愛の思想もここで強く働いていることだろう。これはキリストや聖者たちが多くのひとびとの体と心をいやす活動をしたという伝統から来ている。

「慈悲の友の会」がヨハンネス・フォン・ゴット（一四九五―一五五〇年）によって開かれてから、約五百年たつという。聞けば、貧しい人であっても、苦しむことなく安心して生活できる権利があるというのだ。彼はポルトガルのリスボン近郊の出身であり、理由は不明だが、わずか八歳のときに放浪の旅へ出る。とき折しも、ヨーロッパは宗教改革の波に洗われる。彼は北アフリカまでも旅を続け、四〇歳後半から貧者と病人のために力を尽くす。宗教上の区別は、彼には問題ではなかった。彼は「貧者と病人の父」と崇められ、氷のように冷たい河のなかで溺れそうになったひとを助けようとして、みずから病いに倒れ、ピサにて没する。一六九〇年、聖者に列せられる（以上、『五〇〇周年／ヨハンネス・フィン・ゴット』を参照した）。

ホスピタルないしシュピタルということばは、通例、病院を意味する。だが病院のみでなく、貧困その他の耐えられないほどの人生上の苦痛を抱えたひとたちを全般的に対象とする。ホスピタビリティということばは、ふつうお客にたいするもてなしを意味するだろう。ここには、ひとは人生を人間らしく、幸福に生きられるはずだという思想ないし人間観が見られる。私はここに、ヨーロッパのヒ

ューマニズムという考えの大きな現れを見たいと思う。ヒューマニズムとは、人間が人間らしく扱われるべきだという考え方だから。

ところで、この病院はとても近代的で、清潔であるどころか、採光の仕方にも工夫がなされている。病人にはあまりにも明るい光は刺激的である。落ちついた、柔らかい光のなかで、廊下の壁にずらっとかけられた絵画や写真が浮かび上がる。いかにも芸術的という雰囲気で、気分的に患者が落ちつける状況となっている。このウィーンの病院のほか、オーストリア全土に九つの病院ないし救貧院がある。ちなみに、哲学者ウィトゲンシュタインが一九二六年オッタータールの山村の小学校で生徒殴打事件をひき起こしたのち庭師として働いたのは、ウィーン・ヒュッテルドルフの別の修道士の病院であったという。

ヨハンネス・フォン・ゴット

宗教教育はどうおこなわれるか?

ところで、オーストリアという地で宗教が大きな力をもっているという背景には、公立の学校（小学校やその上級の学校）で宗教教育がおこなわれているということに如実に現れている。日本でもキリスト教系の私立の学校などでは宗教教育がなされているのだろうが、公立ではありえない。ギムナジウムなどでは、カトリックとプロテスタントの宗旨の生徒には学校内で宗教の時間にそれぞれ宗教の教師が教えているという。そのほかの宗教を信じている家庭の生徒は学校では対応ができないので、地域のそれぞれの教会などへ所定の時間に通うこととなる。たとえば仏教徒は、ウィーンの中心街近くのスウェーデン広場にある仏教センターに定期的に通うこととなる。ユダヤ教にしてもイスラム教にしても、そうした措置が取られるのだろう。もちろん無宗教ということもありうるが、その場合はそうした生徒を集めて監督教師が指導をおこなうこととなる。

またここで、ウィーン大学の助教授でカトリック教徒であるエルヴィン・バーダー氏について述べさせていただきたい。氏は社会哲学という講義を開いているが、日本で「社会哲学」のもとで思い浮かべられるのとは異なって、その専門はキリスト教などの宗教の平和運動である。しかも氏の関心はきわめて実践的なものであり、たとえば、オーストリアのEU（欧州連合）加盟が国民の精神にいかなる影響を与えるのかなどということを深刻に考えている。(2) 氏の講義題目は「キリスト教的社会哲学——入門」であり、また大学内で「社会哲学——平和運動の現実的問題」という研究グループも主催している。おそらくこうした氏の存在は日本では信じられないだろう。別に宗教的な神学校でもないのに、このようなテーマで講義がなされるとすると、他の哲学講義と並んで、その内容はかなり説得的かつ学問的なものでなければならないだろう。宗教者が一方的に自分の宗教的確信を受講者に押しつけるわけにはいかないと推測される。裏を返せば、宗教的なものがそれだけ説得性をもって認知されているということだ。

これにたいし、日本での宗教教育の状況はどうか。もちろん日本の公教育では、これは厳しく禁じられている。だが日本でも最近、若者の精神的荒廃状況を目の前にして、宗教的情操教育を導入して心の教育をおこなおうという動きがないわけではない。もちろんこれにたいしては、戦前・戦中の国家神道による教育という苦い経験をひきあいに出して、厳しい批判が存在することは周知のことである。ここにある彼我の差の意味を考えることは興味深い。なぜ日本では(公教育の場では)ほとんど宗教教育が不可能と思われ、他方オーストリアではそれが現実におこなわれているのか。私の考えでは、それを一言でいうと、宗教のもつ実力の差である。少なくともオーストリアの宗教(とくにカトリック)はひとびとの生活と精神にたいしてリアルな力を発揮しているし、そのように努力している。だから公教育で宗教教育がおこなわれても、とくに民主主義、市民社会、基本的人権などの思想と抵触しないのである。他方、日本の宗教は、それが仏教であれ、神道であれ、身近に存在せず社会的に信用されていないのであり、心と社会の問題にかんして現実を動かすだけの正当性と力量を備えているとは思われない。

いずれにしても、宗教がかの地では市民のもつ道徳や共同意識に大きく働きかけることとなっている。市民社会のルールを守ろうとする習慣が日本などと比べてはるかに強いのは、かなりの程度この宗教上の友愛と共同体構築の精神によることだろう。もちろん、バーダー氏も嘆いたように、この国の無神論化、世俗化の勢いは、とくに若者たちのあいだでますます強まっている。だがそれでも、実質上の無神論の国・日本からやってきてここの宗教事情を見ると、やはり宗教の影響がそれでも日本よりはるかに濃厚だと感じざるをえない。

ウィーンの各地に散在する教会へ行けば、観光客を除いても、多くの信者が礼拝に訪れる。そこでは、熱心に祈りを捧げる市民の姿がとても印象的である。非宗教者である私などが教会を訪れると、信者が一定の作法をとるのに比べて、一瞬どうしていいのかわからなくなるのがなにか悲しい。とくにカトリックのミサは荘厳であり、建物、彫刻などの装飾芸術と音楽とが一体化して、宗教的な雰囲気をいやがおうにも盛り上げる。そこでは信者が実際に歌唱に参加する。ミサなどの教会音楽は、教会の建物のなかで周囲の雰囲気を感じながら聴かなければ、本当には味わえないものだと実感する。

私はここで「芸術宗教」という表現を思い出す。つまり古代ギリシャなどでは、芸術と宗教が一体化して、ひとびとの生活をつくり上げていた。アクロポリスやデルフィの聖域では、大きな神殿や劇場とともに、数々の彫刻やレリーフなどの装飾が宗教的な環境を効果的につくり出す。また演劇もそこでおこなわれることもある。多くの宗教的儀式も催されたことだろう。そこでは芸術の美と宗教の信仰がみごとに調和していた。宗教はもちろん芸術もまた神的絶対者の表現形態であり、古典的芸術はその美的形態のなかになにか絶対的で永遠なものを映し出そうとする。もちろん科学・技術が全面的に発達した現代では、こうした芸術宗教はもうすでにひとびとの精神生活にたいし中心的な役割を果たしてはいない。この意味で、ヘーゲルの有名な芸術終焉論が引かれてもいいが、たしかに現代人にとってこうした芸術宗教はもう最高のものではない。この点で、現代人の神々は、物質的ゆたかさを保証する科学・技術であるといえないこともない。かりにそうだとしても、現代の物質文明の空虚さのなかで、いまでも芸術のカタルシス的な効果による人間の解放は唱えられつづけているし、また多くの信者がこの芸術宗教的な雰囲気を求めて教会にやって来る。

『生へと解放されて』と『同行道なかば』

宗教教育と魂の救済

私は宗教教育のために使われる教科書を見て驚いた。つまり宗教というと、日本では、それは空疎な説教を押しつけるものであり、しかも信者はそれを独断的に信じているものとしか多くのひとびとは考えていない。だが、これら宗教の教科書は非宗教者にとってもはるかにリアリティをもっている。私はここで、ブルクスタラーら『生へと解放されて』およびシャーラーら『同行道なかば』とでも訳したらいいのだろうか、この二つの教科書を取り上げる（以下、本文中に頁数を記す）。なぜなら、この二つの教科書が、私にとって魅力的に思われたからである。

『生へと解放されて』は、多分ギムナジウム以外の専門学校で使用される宗教教育の教科書（日本でいうと中学一年に該当）である。本書全体のイメージを思い浮かべていただくために、以下各章のタイトルを掲げたい。「基礎づけられた信頼」「君は幸福になることができる」「決断することと責任を負うこと」「すべてのひとびとにとっての生活」「基本的人権」「人生にイエスということ」「道をともに歩む」

「罪―回心―許し」「救済を祝う」。私が注目するのは、そこに語られている人類の英知であり、そのかぎりそれは空疎な説教となっていない。

またそこには、独断性をまぬかれた一定の自己反省も見られる。たとえば左図は、司祭が天上の世界のことを考えよと説教しているのにたいして、逆に俗人から地上の世界にある危険性を指摘されるというカリカチュアを示している。そこにはなにかやわらかい人間的なもの、つまりユーモアがある(16)。

リアルな認識という点でとくに私の印象に残ったのは、第五章「基本的人権」の箇所であり、アウシュヴィッツの強制収容所の問題から始まり、そこでさまざまな社会問題が論じられている。「人間にはどういう価値があるのか?」という節では、「人間の価値はなんによって測られるのか」などのいくつかの質問が出されて、またそこにミスコンテストの入賞者や身体障害者の写真が掲げられる(66 f.)。「人間の尊厳」という節では、マルクーゼ、毛沢東、聖書が引用されている(68 ff.)。一般にこの教科書では、宗教的独断を頭から押しつけようとする雰囲気はなく、たえず生徒に考えさせようとしている。その点では、私にはどうもこの教科書は、宗教的というより哲学的と思えてならない。これは私の偏見だろうか。基本的人権にかんし

ては、「世界人権宣言」が全文、見開き二頁にわたって掲載されている（72ff.）。またアムネスティ・インターナショナル（ai）などにも注目され、「わが国における人権侵害の実例をあげなさい」「人権擁護に尽力するグループについて調べなさい」というような質問と並んで、「以上の図はどのような人権損害を表しているのか」（74）というような興味深い質問が発せられる。いうまでもなく、この図は官憲による思想・イデオロギーの統制を意味している。

さらにたとえば、第六章「人生にイエスということ」の「あらゆる人間には生きる権利がある」という節では、戦死した兵隊たちの無数の墓や交通事故現場の無惨な写真と並んで、ベトナム戦争当時のものだろうか説明はないが、生首を二つ両手でぶらさげ、誇らしげに笑っているアジア人兵士の写真も掲載されており、狂気をはらんだ現実にもあえて目を向けさせようとしている（80）。もちろんその他、安楽死や尊厳死、罪、良心、自由などのもっと宗教色のこい問題も積極的に論じられ、生徒たちに考えさせようとしている。

さてもうひとつの教科書『同行道なかば』は、ギムナジウム一年生、日本でいえば小学五年生の教科書である。

いかにして心の平安を保つか、いかにして魂を守るかがここでの中心問題であるらしい。しかし、この問題は体の状態と密接に関係するし、それはどういう社会をつくるべきかという問題へと広がっていく。身体上の苦痛が除去されなければ魂の真の平安はありえないし、社会全体が改良されなければ、人間関係もよくならず、心の安らぎもありえない。ここにキリスト教のもつリアリズムがあるといえるだろう。だが、ここにはまさに哲学との共通目標があり、この教科書もまた単なる説教調で書かれてはいない。

ところでまた、これはなんと芸術的な香りに満ちみちた教科書であることか。教科書のいたる所にカラー図版があり、見るだけで楽しいものがある。それも、良質の絵画などが多くふくまれる。もちろんこれは子ども用に工夫されているが、子どもだましではなく、大人が読んでも考えさせられる内容が数多くある。もちろん宗教関係の美しい絵画や宗教関係のカラー写真が多いが、単にそれだけではなく、一般に人生に深くかかわる内容のものも多い。またすてきで英知に満ちた詩もたくさん掲載される。楽譜もいくつか付いていて、歌も歌えるようになっている。全体的にギムナジウムの哲学教育の教科書と共通している内容が多いようだ。

たとえば、第五章「変化に富む生活――教会の一年」の第一節「あらゆる事物は二つの側面をもつ」(82)を見よう。ここでは、ピーター・ブリューゲルの絵画「謝肉祭と断食のあいだの闘争」がもちろんカラーで見開き二頁にわたって大きく掲げられる。芸術的作品を考える素材にして、享楽的で楽しい謝肉祭と禁欲的で厳しい断食との対立をふくむひとびとの生活を考えさせる。もちろんこれは宗教的行事ではあるが、宗教にかぎらず、ものごとが対立物から成り立っているというのは、古代のヘラクレイトス、プラトンに始まり、近代でヘーゲル、マルクス、エンゲルスらが「対立物の闘争と統一」という弁証法的表現で唱えた哲学的主張である。ここでは、同時に哲学的でもある宗教的な人生の真理が示され、そしてそれが香り高い絵画によって伝えられる。これもある意味の、ささやかではあるが芸術宗教といえるのではないだろうか。

不安をどう見るか？

さて、同書の第一章「私たちはこの世に住んでいる」からして印象的である。とくにその第三節「不安をかかえてどこへ？」にすてきな詩があった。ここでは、「不安といかにつきあうべきか」ということがテーマとなっている

不安は人生につきもの
不安は想像力をなえさせる
不安は私たちの労働をとめる
不安は私たちを逃避へと駆り立てる
不安は感染しパニックをひき起こす
不安は私たちを軽はずみな行動へと連れ去る

不安は他のひとたちを理解することを助ける
不安は他のひとたちを求めさせる
不安は私たちに警告を発する
不安は自惚れから私たちを守る（12）

この詩は、哲学の教科書にあってもすこしも不思議ではない。そしてギムナジウムの高学年（高校に該当）で教えられても、それはそれで深い意味をもつ。むしろ日本でいえば、小学五年という年齢で、こうした人生の深い知恵がどのくらい理解できるかいぶかしいものがある。だがそれでも、こうした重大な英知を子ども時代に与えられるということは、まことに貴重きわまりなく、もしこうした心理学的・哲学的でもあり、同時に宗教的でもある思想がある程度でも理解できたら、人生のなかで大きく救われることにまちがいないからである。とくにアイデンティティの危機に襲われる青年期にこうした不安の心理学的事実を教えられていたら、どんなにありがたいことだろう。かの地では、人生にとってとても大切なことが宗教教育のなかで与えられようとしている。日本ではこうした重大な英知はどこで与えられるのだろうか。教育者・為政者はそのことをしっかり位置づけているのだろうか。

いうまでもなく、哲学は不安についても考察してきた。たとえば、キルケゴールの著作「不安の概念」である。ついでにいうと、このデンマークの実存哲学者はフェルディナンド・エーブナー、マルチン・ブーバー、ウィトゲンシュタインらオーストリアの思想家にも大きな影響を与えてきた。キルケゴールによると、不安は人間が根本的に自由であるから、その状態に陥る。不安は自由の可能性という生産的な意味をもつ。そして不安が強いほど、その人間は偉大とされる(「不安の概念」三六一頁以下)。たしかに希望をもって生きる可能性がまったく閉ざされており、そこに選択の自由がないならば、不安よりも恐怖が生ずるだろう。不安はいわば自由のもつマイナス面であり、キルケゴールによると、不安はいわば「自由のめまい」のようなものだ。

さて、この詩を私なりに解釈してみよう。

この詩は、第一段で不安の否定的側面を描いている。不安の感情はいやなものであり、すぐにでも除去したいものである。ところでもちろん、このように不安をあらためて考える材料として客観化することと自体が意義のあることである。少なくとも、不安という感情はまともに問題にされていいものであり、また多分、自分だけが不安にさいなまれているのではないということが了解されるからである。不安や恐怖心、絶望の感情は人生のいくつかの時期に強く現れるもので、それは多かれ少なかれ、人生について回るものである。ところで、一般にここオーストリアでは、子どもたちがいかにしたらストレスにかからないかということが、日本よりもずいぶんと問題とされる。いってみれば、子どもの心が大事にされているという印象がある。小学校のうちから家庭であまりガリベンをさせると、親が注意されるという話を聞いた。たしかに小学校では、信じられないことに、毎日の授業は大体一時ごろに終わってしまうのだから。したがって、一〇時におやつを食べるくらいで、給食はない(もっとも、ギムナジウムからは本格的な教育がおこなわれ、勉強嫌いな子にとっては厳しくなるようだ)。

さて第二段は逆に、不安の効用を描いている。こうしたマイナスの感情にとらわれることは、ただひたすら無意味なのだろうか。けっしてそうではないことが、ここでいわれている。多くのひとが不安感をもつ以上、それを自分も経験することは、他人の気もちをよくわかることにもなるし、それで他人との強い結びつきも可能となるかもしれない。不安感があるからこそ、危険を避け、慎重に行動するようになる。不安感が自分の軽はずみな行動にブレーキをかけ、自己反省のきっかけともなり、自惚れに陥ることからまぬかれるようになる…。

さらに付加すれば、不安感、絶望感、憂鬱感などに強くとらわれてしまったひとびとは、人生でそういう感情を経験せず、スムーズに育ったひとと比べて損をしたことになるのだろうか。けっしてそうではないだろう。そうしたマイナス感情こそが、人生のひだをよく理解させるものであり、人生の深さを会得させるものだろう。頭がよく体力もある優秀なひとで、つねに成功の道を歩いているひとがいるとしたら、そのひとの人生観は単純きわまりなく浅薄で、他人の気もちも理解できず、高慢にとらわれるだけだろう。それほど単純でなくても、たしかにあまり苦しまない人生を送ったひとは、快調ではあるし、おおいに自分の能力を発揮してきたのだろうが、それだけ深みのない人生を送ったことにもなるだろう。だがそれでも、苦しみや負担を避け、要領よく人生を渡るべきだという処世訓は、社会のいたる所に満ちみちている。賢い人間はいつもさきを見こして要領よく立ち回るものだ…。これが現実に通用する処世訓にならないためには、一体なにが必要なのだろうか。

じつは私自身、青春期に大きな不安に襲われて苦しんだが、それを解明し、そこからなんとか抜け出せる手だてを教育のなかで与えられることがなかった。たしか大学四年のときに教育心理学というのも取ったが、それも無味乾燥なものだったと記憶している。私を人生の危機から救い、未熟な私の精神を陶冶してくれたのは森田療法または森田人間学といわれるものだった。(3) 不安は人生につきものであり、不安は、人生を希望をもって生きていこうとするかぎり、その裏の面としてかならず生まれてくるものである。不安などの感情は一定の法則をもって動いていく。大事なのは日常生活におけるあるがままの実践である…。こうした重大な人間的真理を私はようやくここで教えられたのだ。かの地では、宗教教育だけでなく、高校二年における心理学、さらに高校三年における哲学でも、この種のテーマが与えられる。

いかに人生の葛藤を解決するか？

宗教教育が単なる無味乾燥な説教ではないことは、第三章「新しい眼で見ることを学ぶ」の第四節「日常生活で福音書を生きる」(42 ff.) にも明快に示される。それは印象深いことに、「公正に争う」ということをテーマとしている。――「争いごとのない人間社会は存在しない。争いと葛藤は、友情、愛、和解と許しなどとまったく同様に、人間の共同生活につきものである。それは、家族にも友人仲間にも、またクラスの共同体にも当てはまる」

だから、いかにして公正に争うのかが問題となる。もちろん争いのない社会が理想だが、現実はそうは行かない。宗教教育でこうした人生の重大問題がとり扱われる。ここで、自分のしたくないことを、相手に押しつけるなという「黄金律」が引用される。「だから汝らが他人から期待することをそのひとたちにやってあげなさい。これが律法であり、予言者です」(「マタイ書」7.12)

いきなり、みんな仲良くしましょう、などと観念的に頭から従わせない。世の中に争いごとが満ちみちており、大人たちもそのなかにいつも巻き込まれているのに、子どもたちにだけ理想を押しつけるのは手前勝手というもの。そうした欺瞞は、すでに子どもたちによって感づかれているだろう。そうした説教は欺瞞であるが、しかし日本の教育はこうした欺瞞からまぬかれているだろうか。

「もしクラス、家族または友人たちのなかで葛藤が生じてしまったら、以下のようにすることが役に立つかもしれない」

(1) 葛藤に加わったものたちすべては、はっきりと、自分たちがなんに怒っているのか、なにが障害となっているのか、なにが負担となっているのかを表現する。争っているもの同士が最初から相手のせいにしないときに、ものごとはもっともうまく運ぶ。あなたはまず、自分の状況がどうなっているかを一度いうべきである。

…で困っている。

…で私は怒っている。

…が私にとって不安である、など。

(2) それからすべての関係者は質問しあう。まさにどの点に問題・葛藤があるのか。

(3) 関係者が解決の可能性を提案する。それは自然に浮かんだものでかまわないし、さしあたり根拠づけられなくてよい。そして提案が集められる。

(4) 解決のための提案が評価される。どの提案がよいと思われるか。私たちの問題にとってどれが最良の提案なのか。

(5) ここですべての関係者が納得する解決法が生ずる。けっして多数決で安易に決めるべきではない(たとえば投票で)。自分の考えがまともに受け入れられたと全員が感ずるときには、全員が満足する解決法にしばしば比較的早く到達するものである。

(6) いまや決定されたことが実践されなければならない。だれがなんに責任をもつか。

(7) 関係者がそれを実行したのかどうか、かついかにして実行したのかをあとでもう一度共同で吟味することが、決定のさいに重要かもしれない。

(5)において多数決方式がしりぞけられ、徹底して話し合おうということが推奨される点を除けば、葛藤の解決法の中身そのものはそれほど注目されるべきものではないだろう。もっとも、さしあたりはこうした方法しか現実にはないというのが事実であって、それがいずれにしてもこのようにきちんと書かれ、それについて考えさせることは必要なことだろう。それは、困難を感じているひとにとって、ともかくも光明となるかもしれない。力に任せてゴリオシをやろうとするひとには、ひとつの歯止めとなるかもしれない。安易な多数決がいましめられている点があるけれども、ともかく、これが民主主義の考えと密接につながっていることは明らかだ。

そしてもっとも興味深いのは、こうした実践的方策が宗教の授業で話されるべきとされていることである。ひたすら祈りなさいというのではなく、ただ神を信じなさいというのでもなく、宗教が現実生活の問題解決にこうしたかたちで介入できるということは、たしかに宗教のリアリティを物語っている。かの地で宗教が大きな力を依然として保持しているということもうなづける。宗教が実践的な力をもっているということだ。さらにまた、ギムナジウム一年の段階でクラスなどで生ずる問題や葛藤をまともに授業でとり扱い、その解決法を提起するということには大きな意義がある。日本でもいじめなどがあると、クラスで議論をさせるというようなことがあるようだ。しかしそれは、なにかドロナワ式で無原則のような気がする。日本では、小学五年生程度で、クラスや家族間で生じたトラブルについてどのように解決すべきかというような内容が、人間としていかに生きるべきかという問題とかかわらせて、どこかの教科で論じられているのだろうか。

クラスの規律から社会へ

つづいて「クラスの規律」という項目もある(43)。これは学期はじめにさいしてクラスでなにか特定の規律を設けるかもしれないということを念頭においたものである。クラスの共同生活においても、争いや葛藤が生ずるかもしれないからだ。

「多くの規律には知恵がひそんでいるが、他の多くの規律には愚かさと悪意がひそんでいる。一方の規律は私たちに正しいことをなすように助け、他の規律は誤った行動へと私たちをそそのかす。私たちのクラスの規律や人生の規律を、『旧約聖書』の規律（たとえば十戒）に即して、黄金律や以下のイエスの言葉に即して吟味することができる」

規律によいものと悪いものがあると断言されているのは、重要ではないだろうか。とにかく規則だから守りなさいというのではない。こうして、じつに興味深いことに、宗教教育においても、一定の批判的精神が涵養される。さて、ここで聖書のことばがいくつか引かれるわけであるが、もちろん特定の宗教教育であるから、イエスのことばは究極的真理とされる。それが基準となり、多くの他の規律が評価されることとなる。宗教的真理そのものを吟味する基準ないし手段は当然にも提起されない。ここに生ずる宗教的独断を批判することはもちろん可能だ。そしてたしかに、他方で多くのひとたちはキリスト教や教会のもつ独断や欺瞞を批判する。宗教そのものへの評価はここで論ずることはできないが、いずれにしても、ギムナジウムで宗教教育を受けることも受けないこともできる。

「私たちのクラス——生活空間に似ているか？」(44)という項目では、「十戒、黄金律、愛の二重の命令、および新約・旧約の聖書からのその他のことばや指示は、すぐれた公正なクラス社会をつくり上げるのに、私たちにとって役に立つ。こうしてクラスは、根・幹・葉をもった大きな樹に似ているかもしれないし、ひとつの生活空間のようなものである」といわれる。ここにいわれる「愛の二重の命令」というのは、神を心より愛すること、隣人を自分と同様に愛することの二つを意味する。いずれにしても、クラスをひとつの社会と見立てて、それをいかなる規律や倫理によって維持・形成していくのかがまともに問題とされる。もしこれがうまくいき、クラスが彼らにとって居心地のいい空間となり、相互に協力しあう場所になるとすれば、そこから、彼らにとって他者と形成する社会は信頼に値するものだという経験が生ずるだろう。そして将来、実社会に出てもし困難や問題に出あったとしても、そこで問題について話しあい、規律をつくり出そうと試みるだろう。

もちろん、こうした教科書が有効に利用されるかどうかわからないし、人間を堕落させるにはこと欠かない社会的環境があるのだから、教育が万能であるとはいえないだろう。しかし、これはこれで必要なものだろう。日本でこうした経験を育てるように、まともに教育すべきだということが、原理的にどこかで設定されているのだろうか。それとも、ドロナワ式に、観念的にお説教を頭からかぶせるだけに終わっているのだろうか。私にとって、これはよき市民社会をいかにして形成するかという問題につながっている。そこでは、他者の存在を前提として、社会ないし共同体をいかにともにつくり上げるかということが問題となる。そのなかで私にとって、宗教の役割もかの地では大きいものだということが再認識されたのである。(4)

(1) 日本でも積極的な社会活動を恒常的にやっている宗教者がいないわけではない。たまたま私はテレビで、在日ヴェトナム人にたいする救援活動をやっている日本人神父のことを知った。これは数少ない例のひとつだと思うが、商品情報が氾濫するなかで、問題はこうした貴重な情報が市民にほとんど届かないということでもある。この点でも、ウィーンと日本（東京）では大きな差異がある。

(2) バーダー氏は社会的問題関心から、オーストリアのEU加盟に強力に反対してきた。オーストリアは一九九四年段階で

ＥＵ加盟の国民投票をおこない、それを踏まえて九五年にＥＵに加盟した。氏はＥＵ加盟のありかたに大きな問題があるとして、憲法裁判所に異議申し立てをしたほどである。その理由は、第一に、国民投票がひと月というきわめて短期間におこなわれ、十分に検討する余地がなかったこと、第二に、その中身の問題として、ＥＵ加盟が、精神的・道徳的問題や環境問題を不問に付して、ひたすら経済的繁栄を目ざしておこなわれたということである（論文「精神のヨーロッパのために」を参照）。バーダー氏の考えにかんしては、さらに、島崎「宗教との対話はいかにおこなわれるべきか？」で詳しく述べてある。

（3）森田にかんする本は山ほど出ている。たとえば、長谷川『森田式精神健康法』は、そのなかでもすぐれたものである。

（4）人間形成という点でさらに興味深いのは、オーストリアのギムナジウムの七学年（高校二年に該当）で必須科目として教えられる「心理学」（週二時間）、さらに八学年（高校三年に該当）で教えられる「哲学」（週二時間）である。これら両科目は、いままで考察された宗教教育とも内容的に密接に関連している。日本では、人間教育という点で、これらの内容に対応しているような科目がないということは悲しいことである。高校で「倫理」という科目があるが、受験勉強的な断片的知識と化してしまっているといっていいだろう。IIでは、さらにオーストリアの教育について、日本との比較もふくめ、展開したい。

II

オーストリアの教育と「哲学すること」

［第四章］

徹底してフィロゾフィーレンせよ！

――オーストリアの哲学教育の方針について

矛盾とともに生きる

マスコミなどでしばしば取り上げられているように、日本では近年、教育の荒廃が著しい。『教育』という雑誌の巻頭言では、「今日の中学校という制度空間は、矛盾のなかで人間らしく生きようとしている中学生にとって、生きられない場、ガマンの空間、退屈で意義の感じられない強制的な『勉強』の場になっているのではないか」（一九九九年二月号、五頁）と指摘される。高校では中学と比較すると、以前ほど荒廃現象は目立たないように見える。だがやはり、私見では、受験体制と管理教育のもとで、問題は残存していることだろう。

すでに私はオーストリアのギムナジウムにおける哲学教科書を詳細に紹介・検討したことがあるが（島崎「ギムナジウムにおける哲学教科書の紹介・検討」）、その内容は、日本の教育状況と照らし合わせるとじつに示唆的であった。あのようなすばらしい教科書が書かれる背景には、それに対応する指導要領があるはずだ。一体それはどのようなものなのだろうか。

ここに紹介するオーストリアの教授計画（いわゆる指導要領に対応する）は公教育にたいするものである。それが公教育の指針である以上、オーストリアという国家社会が子どもをこのように育てたいという方向性がそこに如実に現れているはずである。ところが、この点では奇妙なことに、ウィーン市教育委員会自身が「今日オーストリアではいかなる統一的な生活様式もなく、『正しい生活』にかんするいかなる普遍妥当な見方ももう存在しない。唯一正しい教育にかんしてもそのとおりである」（『ウィーン学校案内一九九九年』S.8）と述べている。責任ある当局自身がこう書いていることにはいささか驚きを感ずる。だが、問題を率直に出すという姿勢がここにあるのかもしれない。そうとしたら、もっともらしいことを自信もないのに並べ立てるよりも、これは好ましいことかもしれない。しかしそうならば、それでもなお、妥当する公教育の方針とはどのようなものになるだろうか。

教育委員会自身もそこにひそむ矛盾を認めているし、親たちの教育上の要求も多様で、対立的ですらある。ここで彼らは賢くも、「私たちは矛盾とともに生きることを学んできた。矛盾は民主主義の塩である」（同上）という。思わず、『聖書』マタイ伝にある「地の塩」という表現を思い出すが、「民主主義の塩」というのは、矛盾そのものが民主主義を腐敗させず鍛えていく要素だということだろう。役人たちがこうした柔軟な態度と知性をもっていることにまず感心してしまう。いずれにしても多様性や矛盾を認めつつ、民主主義を柔軟に形成しようというヒューマニスティックな姿勢がここに示されている。以下では、教授計画のなかに具体的にその方向性を探っていこう。(1)

『教授計画サーヴィス・心理学と哲学』

『教授計画サーヴィス・心理学と哲学』の方針

編集者のレオ・ライトナーとエーリッヒ・ベネディクトは教育関係の役人であるが、本書は大学教授やそのほかの教育関係者の協力を受けて成立したものである（以下、本書『教授計画サーヴィス・心理学と哲学』の頁数を本文中に記す）。このなかで私に面識のある人物としては、ウィーン大学のヨハン・マーダー教授が執筆に参加している。まず全体として、本書の内容自体がきわめて質の高いものであり、豊かな教育的配慮に満ちているという印象をもつ。この本はA「一般高等教育の教授計画」、B「注釈」からなり、Aで教育の方針の概略が述べられ、Bにおいて具体的で詳細な指導方針が説明される。そこでまず、Aの部分について紹介しよう。

オーストリアでは義務教育は九年間であり、最初の四年間はフォルクスシューレ（小学校）に通い、そののちハウプトシューレに行く者とギムナジウムへ行く者と、そこで教育システムがすでに早くも別れる（複線型）。「一般高等教育」とはギムナジウムのことである。まず学校教育法第一七節一項では、教師の役目として、「生徒の発達を考慮して」「学問の水準に照応して」教授するとか、「生徒を自立へと、共同体内の協力へと導く」(7)と述べてある。なにげない文章だが、ギムナジウムの教科書を検討してきた私としては、この両要素は矛盾的かもしれないが、人間個人の「自立」と「共同」こそ、民主主義の基礎であり、それが哲学教科書でも重視されてきたのだと実感する。

　学校教育法第二節一項では、「オーストリアの教育の課題」として以下のことが述べられる。

「オーストリアの教育は以下の課題をもつ、つまり人倫的・宗教的・社会的価値ならびに真・善・美の価値にしたがって、子どもたちの発達段階と教育の方向に対応した授業をとおして、子どもたちの素質の発達に即して協力するという課題をもつ」(7)

　注目すべきは、人倫的・社会的価値とならんで、「宗教的価値」の教授が明示されていることだ。人倫的価値と社会的価値はただちに納得がいくが、宗教的価値が公教育で重視されるというのがオーストリアでの方針である。実際、宗教教育は義務教育期間をつうじて多分、つねに週二時間ずつおこなわれるが、それが公教育では禁止され、苦い経験をもつ日本では興味あるところだろう。とくに現在、日本では、宗教的情操教育（こころの教育）が公教育でも示唆されてきている。たとえば、亀山「宗教教育論と宗教の定義」はこの問題の是非を詳細に扱っており、興味深い。西欧でも、フランスなど啓蒙の思想と共和主義の伝統から「非宗教性」が方針となっているところもある（コスタ＝ラスクー『宗教の共生』を参照）。この点で一言すると、オーストリアでは、無神論もふくめ、各人の宗派に対応した教育的措置がとられるし、教科書を見るかぎり、その内容は独断的教義の押しつけなどに終わっていない。たとえば、ブルクスタラー『生きることへと解放されて』の第五章「基本的人権」では、世界人権宣言の全文がひかれ、戦争反対、平和への希求など、リアルな内容に満ちている。それは、宗教者ではない私が読んでも説得性のある内容をもっている。その内容は実際、かなり哲学と重複する（以上、すでに第三章で展開した)。

また真理と善の価値とならんで「美的価値」が考慮されていることも興味深いところである。つまり人間形成にとって真理の認識や善の実現とならんで、美的価値が重要というわけである。だから美は単なる飾り物ではない。いずれにしても、美的なものや文学をふくめ、芸術こそ人間の精神生活を豊かにし、科学では到達できないものを人間に与えるといえよう(第二章ですでに述べた)。もし制服などを生徒に強制するとなれば、そこにはすでに美的価値などないということになるだろう。私はたとえば、ある哲学教科書のなかで絵画、彫刻、イラストなどが満載されていたことを思い出すが、それも哲学・思想の理解の一助であったとともに、哲学と芸術との深いつながりを示すものであった。ここで私はウィーンの美しい街並みや公園と芸術的な環境を想起するが、それは余計なことだろうか。

さて『教授計画サーヴィス』によると、心理学と哲学は一括して扱われ、それぞれ七学年(高校二年に妥当)と八学年(高校三年に妥当)の段階で週二時間ずつ教えられる。語学科目を参考までに述べると(すべて五学年から八学年までの場合である)、ドイツ語は週三時間ずつ、ラテン語は週四時間(五学年の場合)、週三時間(六、七、八学年の場合)、さらに第一外国語は週三時間(通例英語)、ギリシャ語か第二外国語が週四時間(五学年の場合)、週三時間(六、七、八学年の場合)教えられる。なおラテン語はすでに三学年(中一)から教えられるが、哲学をやるうえでラテン語、ギリシャ語は不可欠である。それがギムナジウムでこれだけ教えられるというのは、哲学をやる者にとって驚異である(21)。

一般的教育目標としていくつかの項目が掲げられるが、めぼしいものをあげると(13)、

・生徒を大人の資格へと、自分自身への責任意識をもつ者へと育て上げること
・同時代(Mitwelt)、環境(Umwelt)、後世(Nachwelt)にたいする責任感をもつように育て上げること
・人間存在の意味・課題・責任にたいする根本問題との基礎づけられた取り組みへと生徒を導くこと
・西欧的な心構えと世界への開放に結合した、オーストリア的な意識へと生徒を導くこと
・民主的・社会的で、かつ自由の原則へと方向づけられた法治国家へと尽力するための準備へと生徒を導くこと
・コミュニケーションと共同作業の準備へと生徒を導くこと
・批判的な寛容と了解の準備へと生徒を導くこと

きわめて高邁で注目すべき教育目標がうたわれているといってよいが、私などにはおおむね納得のいくものである。そしてさらなる問題は、こうした立派な理念が立てられたのち、それが各教科で実際にどう工夫されて叙述されているかであろう。さらに教育目標を心理学・哲学のなかに探っていこう。

「注釈」における心理学・哲学の教育目標

ところで、なぜ心理学と哲学が一括して扱われるのか、そのことについてここであらかじめ述べておこう。

いままで述べたように、高校二年の段階でまず心理学を本格的に学び、次年度で哲学を学習する。それはひと続きのものとして、若者に与えられる。説明によると、もともと心理学と哲学は一体化してきた。たしかに歴史的にそうであって、心理学は哲学のなかから徐々に分化してきた個別科学である。だから、いまでは心理学が独自のテーマをもつとしても、両者はともに「自己認識と自己反省」というような共通課題を保持し、依然としてきわめて密接な関係を保っている(42)。心理学が体験、ふるまい、行動、認識、意識などのテーマを扱うとしても、たしかにそれはある意味で、哲学自身の課題でもある。心理学の教育内容についてはのちほど簡単に触れるとして、いずれにしても、青年期のアイデンティティ・クライシスが問題とされている現在、自分とはなにかを考えるうえで、心理学と哲学は、もしそれが生きた実践的な知識であるならば、おおいに役立つことは疑いない。

さてそこで、教育目標についてであるが、まず一般に以下のように述べられる。

「心理学と哲学の授業は、獲得された知識・意見・価値づけを批判的に反省し、それらを授業対象の統合へと役立てるべきである。この授業は生徒にたいし、人生における批判的な行動上の方向づけを可能にし、学問的探究過程にたいする洞察を与えることを目ざす」(30) ここではさしあたり、「批判的

(kritisch)」という表現のくり返しに注目しておくとして、さきに進みたい。

そしてそのなかで、「哲学における授業は、個別諸教科を統合する方向づけを提供し、人生の根本問題にたいする基礎づけられた取り組みを可能にしようとする」(30)と規定され、とくに「哲学的人間学」(31)の観点が重視される。いうまでもなく、哲学は常識や科学という多様な知の総合的基礎づけをなすものであるから、ギムナジウムのさまざまな教科を位置づけ、まとめあげるうえで大きな役割を果たす。たとえば、ミューレッカー他『哲学の問い――人間・存在・行為・認識についての講述』では、いたるところ他教科との内容的関連が指摘される。日本では、各教科の関連づけや総合化は、どういうかたちで配慮されているのだろうか。そして、ここで教育が問題となっている以上、「人間」というテーマが最重要の課題となるといえるだろう。

ミューレッカー他『哲学の問い』三部作（講述用・テキスト・教師用マニュアル）

「哲学の授業では、生徒たちはできるかぎり哲学する《フィロゾフィーレン》ことへと接近させられるべきである。そのさい思考図式の単なる受容が問題ではなく、批判的に吟味でき、論証可能な、伝統を考慮する思考態度が重要であり、その思考態度が責任感ある行動を可能とする」(32)「フィロゾフィーレン」とは、単にできあがった哲学的知識を表面的に理解して覚えるというのではなく、徹底して自分の頭で考えることを意味する。さきに述べた「批判的な行動上の方向づけ」とも関連させていうと、明らかなことは、表面的な理解と細かな暗記がここで問題となるのではなく、自分で批判的に吟味し、そしてそのことをできるだけ論証し、根拠づけるという態度が重要なのである。もし個性重視の教育をするというのならば、まずこうした主体性が確立されなければならないだろう。そしてここでいわれる「伝統」とは、古代ギリシャ以来の知的・学問的伝統であり、けっして非合理的な祖先崇拝などではないだろう。

受動的な知識の吸収ではなく、批判的受容が不可欠とすれば、それはじつはひとつのパラドクスを導く。というのも、教育はあくまで想定された教育目標を生徒たちに吸収させるものに違いないけれど、しかしそれが単なる受容やまる暗記となれば、教育は失敗に終わるからだ。つまり教育はそれが表面的にうまくいけばいくほど、失敗に近づくのだ！　ある教科書は、ここにある哲学的矛盾をすでに意識していて、その問題自体を教科書のなかに明示し、それまでも生徒に考えさせようとする（ミューレッカー他『哲学の問い』S. 28）。つまりそこでは、「子どもたちは自由へと、さらに大人へなることへと『教育される』ことができるのか。啓蒙の要請（たとえば、『そんなに従順になるな！』）はパラドクスではないのか」と問われ、それについて生徒自身に考えさせ、議論させようとする。驚くべきことに、これもまた哲学教育のひとこまなのである。ここではいわば、子どもを真剣に大人扱いしようとしており、彼らに徹底的に考えさせようとしている。日本で、これほどに子ども（の可能性）が信頼されているだろうか。子どもの自主性の尊重——これもオーストリアの教育のひとつの特徴である。

ところで、このパラドクスを解く方法は、二つあるだろう。ひとつは知識をとにかくそれが必要なのだからといって、大人の都合でうえから子どもに押しつけるのではなく、子どもの実際の興味関心や発達段階に合わせた、生き生きした教材を提供することであり、もうひとつは子どもたちにできるだけ疑問や批判を自由にいわせ、教材のもつ意味を自分の頭で考えさせることである。私の知るかぎり、ミューレッカーらの教科書『哲学の問い』はこの両要素をみごとに結合しているといえる。後者にかんしては、『教授計画サーヴィス』では、「会話・対話・論議は作業のさいに全面に押し出されるべきである」(34)と明示されており、「批判的に吟味でき、論証可能な、伝統を考慮する思考態度」は、たしかにこのなかでしか実現できないだろう。私が注目したこの教科書では、「議論せよ」という種類の質問項目が満載されていた。もちろん「批判的」というのは、なんでも自分の意見と違うから拒否するというのではなく、その理由を明示し、議論にかけることをふくんでおり、また他方、すでに述べたように、この本は他者への「寛容」という指針も掲げている。

哲学の教育目標

ところで、哲学教育で気になるのは、哲学的世界観そのものが著しくイデオロギッシュである点を考慮すると、この問題をどうクリアするのかということだろう。まさに哲学の○○主義と××主義はまったく正反対の主張をなしている。日本でも哲学教師が悩むのはこの問題である。(2) この点では、つぎのように述べられる。

「立場と探究方向の選択は教師たちにとって同様に自由裁量であるが、授業は一面的にまたはイデオロギッシュにおこなわれてはならない。教師たちは自分の意見と立場を生徒たちに知らせなければならないし、他の方向も紹介しなければならない。他の論証的なとらえ方にたいする注意をとおして、生徒たちは寛容と批判的態度へと教育されるべきである」(35)

これは明快な指示である。これによれば、哲学教師は自分の主義主張によって授業をできるが、つねにそれに対立する、それとは異なった立場を提示するべきである。それが公平におこなわれ、それにともなって質疑応答や議論ができれば、生徒たちは別の考えにたいし寛容となれるし、教師自身の立場にたいしても、やがて自分の頭で評価できるだろう。

こうして、(哲学)教育の最終目標は、あの一七世紀以来の啓蒙主義の目標、つまり蒙を啓いて自立した大人になることである。「生徒たちの自立性はまた心理学と哲学の授業で追求されねばならない。それはさまざまな仕方で強力に推進されることができる」(36)ところで面白いことに、同時にまた「治療的な(therapeutisch)目標の追求は、授業では思いとどまるべきである」(36)という注意がある。この意味するところは、オーストリアの哲学では、かなりリアルに人間の悩みや愛の問題に触れるので(心理学だとさらにその傾向が強いと思われるが)、そこで教師がなにか実践的に心理療法的なことを生徒たちに施すことにたいする警戒である。かの地は精神分析の創始者フロイトの活躍の場であるが、そこでは教育における知的・学問的な態度が重視されるので、苦悩や愛といった問題も理論的に扱おうとするのだ。これは日本ではまだぴんとこない話だが、まさに正当な注意といえるだろう。

こうして、この『教授計画サーヴィス』を検討するかぎり、そこにいくつかの明快な理念や価値観が見られる。それは個人の徹底した自立と自由の重視であり、さらにそれとバランスを取る意味で、他人との共同生活への配慮である。これとの関連で日本の教育をふり返れば、ある教育者は日本の文部省などが勧める「一致団結型の『共同』像」の問い直しを求めている。これが支配的であるかぎり、生徒はいつも「人からどう見られているか」を気にしなければならないという。私の考えでは、個人の自立と自由なしの共同がこうした横並びの「一致団結型」の共同像を生むものと思われる（村上「思春期の『共同』と学校制度空間」二〇頁以下）。私はここで、ウィーンのある小学校で見たことを印象深く思い出す。その小学校には生徒にたいする注意などの貼り紙や掲示がいっさいなかったが、ただひとつ生徒のたくさんの顔写真とともに、「私は私（Ich bin ich.）」という文字が大書されていたのを思い出す。つまりこれは、私の私らしさ、個性を大切にしようという意味だろう。

オーストリアでの教育の原理についてさらにいえば、ここにはヒューマニズムや基本的人権の思想がかかわるが、これこそ西欧市民社会が追求してきた民主的な価値理念にほかならない(3)。そしてその実現のためにはあくまで知的・論証的態度が重視され、相互の批判や議論が不可欠なのである。もちろんさらにそこには、寛容の精神が加わる。表層的にはこうした思想は日本では、（とくにインテリにとって）よく輸入されてきている。それどころか、西洋中心主義への批判すらいまでは盛んである。しかし、いま述べた理念を実際にどう根づかせるかという問題になると、そこに彼我の差が露呈するのではないだろうか。明らかに、ここには日本の管理教育とは異なった理念と方針が見られる。子どもの権利の問題もふくめて、オーストリアで上記の理念が市民の精神構造の内部深くに浸透している

オーストリアの哲学教科書

ように見えることの背景に、以上の教科書に見られるような、しっかりした理念にもとづいた、工夫に富んだ教育内容の影響もあるのではないだろうか。これを学ばずして、安易に西洋の限界など指摘できないものと思う。(4)

哲学教科書は、こうした教授方針にたいし、実際どう反応するのだろうか。いくつかの教科書を調べたかぎり教授計画については明示されていないが、全体としては、やはりこの教授方針にしたがって書かれているという印象をもつ(この点、付録2を参照)。そのつながりが暗示されているのは、ライニンガー／ナワルティルの教科書『哲学的思考への入門』の序文である。そこでは、オーストリアの哲学教育にかんして、その目標設定の変転にもかかわらず、赤い糸のように貫かれているものがあるといわれる。その原則というのは「問題にたいする意識、とくに人間存在の問題にたいする意識」であり、この意味で「本当の批判的意識の覚醒」が重視されるという。「こうしてオーストリアの哲学の授業はカント的伝統のもとにあり、それによれば、生徒たちは哲学をではなく、『哲学すること(philosophieren)』を学ぶべきである」またしてもフィロゾフィーレン！　そして当然にも、批判的な問題意識の重視は個人の自立と自由に不可欠であり、これはまさに教授計画の方針と合致する。

哲学教育の内容について——「導入」

哲学にはいる前に、心理学についてその内容項目にかぎって紹介しておこう。これらの項目の教育がきわめて本格的・アカデミックにおこなわれる。

(1) 人間の(科)学としての心理学と哲学
(2) 知覚
(3) 記憶と学習——言語と思考
(4) 体験、ふるまい、行動のダイナミクス
(5) 発達と教育
(6) 個人と社会

(1)は哲学にも共通の項目であるが、いずれにしても、こうした心理学の学習が受験勉強化した知識に終わらなければ、生徒にとって自分の人格形成や自己認識のために不可欠のものとなるだろう。以上の心理学の学習を踏まえて、いよいよ哲学の学習にはいる。これもまた、まず項目のみを紹介しよう。

(1) 導入――哲学的問題提起の固有性の理解
(2) 認識する人間と現実性
(3) みずからの制度の世界に存在する、行動する人間
(4) 選択用のテーマ領域（美学、歴史哲学、自然哲学、宗教哲学、法哲学および社会哲学、言語哲学、人間学、哲学史）

以上を解説すると、(2)で認識論や論理学が、(3)では倫理学や実践哲学が問題となり、これが哲学教育の二本柱となる。(1)はそれへの導入であるが、このなかで人間とはなにか（人間学）の問題が中心となる。おおむねどの哲学教科書もだいたいこうした配列をとっている。私が調べたかぎり、オーストリアのすべての教科書が以上の意味の哲学概論となっており、日本でよくあるような哲学史的叙述となっていないのは、『教授計画サーヴィス』の方針があるからだ。とくに、さきに紹介したミューレッカーらの教科書は、「私はなにを問うていいのか」「人間とはなにか」「私はなにをなすべきか」「私はなにを知ることができるか」という四章だてになっており、それぞれ①導入、②人間学、③倫理学、④認識論に対応するといえる。これもまた、おおむね指導要領にそっている。③と④が逆になっているが、私もまた倫理学などを人間学のあとにすえ、そののちに抽象的な認識論を教えたほうが合理的と考える。いずれにしても大事なのは、認識論と倫理学が二本柱であるという認識である。もしかりに認識論、論理学、科学論などの分野が哲学で軽視されるとなると、知的な論証や議論、方法と体系

化といった内容がおろそかになり、学としての倫理学の内容も曖昧なものとなるだろう。オーストリアの哲学教育では、そうした危惧は見られない。

各章の説明は「学習目標」と「学習内容」に区分され、さらにそのあと「教育的指示」「文献の指示」「教育的補助手段」の説明がなされる。日本の指導要領解説などより、はるかに体系的である。「文献の指示」では、哲学上の著作が紹介され、「教育的補助手段」では哲学的テキスト集などが紹介される。いずれも本格的である。以下において各章の説明にはいる。

(1)「導入」では文字どおり、「哲学すること」へと接近させられ、それに慣れさせられる(67 ff.)。「学習内容」としては、さらに哲学的な人間概念が、つまり「行動する人間」と「認識する人間」が対象とされる。そしてまたより広く、文化・宗教・芸術・科学・イデオロギー・経済・政治にたいする哲学の関係が議論される。補足説明として、哲学の固有性が形式面と内容面に区別して解説される。形式的には、哲学は原理・原則・本質的なものについての問いであり、内容的には、哲学はつねに究極的には人間そのものを、人間の自己自身にたいする反省を対象とする。またここで、哲学の独自性として、それが単なる経験的な探究でもなく、また単なる主観的な意見表明でもなく、「反省的・論証的な手法(reflexiv-argumentierende Verfahrensweise)」をもつことが付加される。これはさきに強調したことであるが、哲学はもしそこで絶対的・究極的な真理が見つからないとしても、すべてが(間)主観的で相対的なものになるというのではなく、あくまで自分の方法を反省したり、論証や論理の展開に配慮しなければならないのである。そうでなければ、哲学は単なる物語か主観的なレトリックになるだろう。根拠づけがなされるからこそ、議論が生ずるのだ。とはいえ同時に、この「導入」があまりにも強度に体系的になったり、学会報告的なものとなってはいけないと注意される。

哲学教育の内容について――認識論と倫理学

(2)の「認識する人間と現実性」は、「認識論と科学論の基礎に捧げられる」(69)。ここでは、「現実とその認識の問題構成を知ること」、「認識にかんする記号的表現の固有の問題を反省すること」、「科学的認識の諸問題を知ること」、「科学の規範問題の了解」という四つの学習目標が掲げられる。つまり、現実にたいする合理的認識と非合理的認識、唯物論と観念論、真理論から始まり、概念構成、公理系、演繹、帰納、論証の問題から、科学活動にたいする批判的認識のための科学史の問題にいたるまで、多様な問題が指示される。ここではまた、(数学的)論理学も対象とされ、論理計算の基礎や二値論理学、矛盾律について言及される。とはいえ、これを(通例の)論理学コースの形式においてやるなという注意もある。さらにまた、解釈学的方法や弁証法への指示もあり、そしていわゆる実証主義論争やコミュニケーション的共同体への言及もある。

これは盛り沢山の内容であり、その内容が抽象的でもあることを考慮に入れると、これを表面的にでも教えるのは大変なのでは、という印象をもつ。もっともこれは、ギムナジウムというエリートにたいする教育ではあるけれども。最近の科学論の問題点として、ポパー『探究の論理』とクーン『科学革命の構造』が導きの糸になるとさえいわれる。そしてまた、興味深いことに、第四目標との関連で、「科学がそれ自身特定の規範のうえに依拠していること」にたいする理解を目覚めさせること、という指示もあり(70)、それと関連して、「教育的指示」では、遺伝子操作、資源・エネルギーなどの現実的問題などにも配慮せよと述べられる。だからここでは、単なる科学(技術)主義的な見方の否定があり、じつにここまで生徒に理解させようとする。だがそれも、単なる道徳的見地から意見交換をするのではなくて、「論証的に(argumentativ)」「科学論的な問題提起」にそっておこなわれるべきとされる(71)。ここにまた、あくまで論理と学問的成果を重視するという姿勢がある。こうした能力が開発されなければ、生徒は自主的・自律的な大人になれないというのだろう。高校三年生にこうしたことを要求するというのは、ちょっと信じがたいことでもある。

(3)の「みずからの制度の世界に存在する、行動する人間」(72)では、「価値・規範・生活形式の連関をとらえること」、「価値と規範の基礎づけの問題構成をとらえること」、「制度と道徳の関係を反省すること」、「文明化の発展をつうじての倫理の要求を認識すること」という四つの「学習目標」が掲げられる。ここでは、自由、善、幸福な生活、存在と当為、定言命法、良心などの倫理学的テーマから、社会構造、力と正義、戦争と平和、基本的人権などの政治哲学的・社会哲学的テーマが並んでいる。

ここで注目すべきは、社会の矛盾や困難について積極的に指摘されることである。ここには民主主義の精神が存在するし、そうしたものの認識も大人になるための条件なのだろう。第四目標では、「抵抗への権利と政治的自由の問題構成」にもしっかり触れられる。国家が、国家自身への抵抗も場合によってはありうることを明示しているのだ。これぞ、真の民主主義ではないか。また、倫理的な要求とそこで使用される政治的・社会的・経済的実践とのあいだにある矛盾も重視される(74)。つまり政治や経済の現実が本当の倫理にかなっているのかどうかという問題がここでいわれている。こうして、反民主的・反国民的な活動は批判されるべきなのだ。すでにこれは、私たち日本人にとって大きなショックではないだろうか。

死刑や堕胎といった倫理問題とからむ現代的な問題もまた提起される。ミューレッカーらの教科書で、戦争責任(ナチス)、教育問題、経済問題、環境問題、アムネスティ・インターナショナルなどの生々しい現代的問題にどんどん触れていたのも、ここでの教育方針に合致していたわけである。たしかに、自分たちを取り囲むリアルな問題を考えさせずして道徳的な徳目を説教しても、また遠くアフリカの難民のことを考えさせるとしても、それは欺瞞というほかはない。日本の教科書で、過酷な受験体制のことが教材にされているのだろうか。これこそ、もっともよい教材であるのに…。ここにも彼我の差が見られる。

とはいっても、一見解決困難なそうした現代的諸問題を生徒にどんどんさらすことを同書は勧めているわけではない。それでは教育にはならないだろう。賢くも、そうした種類の「爆発的な」テーマの羅列には警戒がなされる。ここでも重視されるのは「共同の反省的・分析的・論証的な諸問題の加工」(74)であり、その意味で、さきの認識論的・論理学的能力が必要とされる。つまり、じっくりと考えさせようということである。またそういうわけで、「道徳的システムの相互文化的な(interkulturell)比較」が重視されるとしても、「無拘束の相対主義」は避けられる(75)。西洋は西洋、日本は日本で価値観が違うのだという方向へ導入しないというわけである。私もまたこうした教育的配慮に同感であり、ここに当地の教育者の英知を実感するのである。ここで目ざされるのは、「反省された、根拠づけられた自分の価値態度へといたるための前提を、授業をとおして生徒たちに獲得させるべき」(74)ということである。

選択用のテーマ領域

さきに示した美学、歴史哲学などの選択用のテーマ領域のなかから、生徒はひとつを選択しなければならない(76)。ミューレッカーらの「テキスト」(「講述用」ではなく)にあったテーマは、まさにここに該当する(『哲学の問い——歴史・社会・自然・宗教・美・言語についてのテキスト』)。以下、内容をあらためて紹介せずに、簡単に気づいたことを述べておこう。

「美学」にかんしては、生徒たちに広がる「主観主義」や「美的相対主義」に、正当にも釘を刺している。既存の美学理論などが概念的説明をしていることに注意を向け、あくまでもここでは哲学的反省が重要であることが指摘される。「論理学」ではどうも数学的論理学が中心だが、私見では、アリストテレス以来の多様な論理学の歴史から生じてきたさまざまな論理学の可能性に目を向けるべきだと思う。そしてまた、数学的論理学の限界にたいする見解も紹介されるべきであろう。「自然哲学」については、自然科学や進化論との関連が重視されている。もちろんそれが重要だとしても、ここで非西洋の自然観を提起することも可能だろう。「宗教哲学」では、どうもキリスト教が大前提となっているようだ。だが少なくとも、仏教やイスラム教にもまともに言及されるべきだ。この点は不満の残るところである。「宗教哲学」とギムナジウムでおこなわれている「宗教教育」の異動も、さらにつっこむと気になるところだ。もちろんここ「宗教哲学」では、宗教批判の思想も扱われるべきだろう。この点では、正しくも、「宗教哲学は宗教教育の補助手段ではない」と注意される。また「法哲学・社会哲学」において、前に述べた点と重なるが、人間の解放、革命、社会的進化、政治的抵抗などの概念が強調されるところも注目に値すると思われる。

さらにここで、「注釈」の最後にある、哲学における選択科目としての「心理学・教育学・哲学」について説明しよう。

これは正規の哲学の授業のほかにさらに選択科目として取ることのできる科目であろう。このなかでまた、さまざまな分野が示唆されるが、ここでとくに「超心理学」という分野を取り上げよう。というのも、まことに面白いことに、日本ではいかがわしい、眉唾ものとされる分野も、あえて教育の対象とされているからであり、ここにまた、オーストリアの教育の奥深さが見られると思うからだ。こうした領域はある意味で若者たちの興味をおおいにそそる分野であるにもかかわらず、日本では、彼らの知的関心を適切な仕方で満足させる手だてが教育のなかでは見られないといえよう。

ここでは、テレパシー、透視、予知、オカルト的現象、念力、テレポーション、非物質化、再物質化などの神秘現象だけでなく、バーミューダ・トライアングル、奇跡的治療、心霊主義などの分野まで考察される。日本のインテリや教師たちならば、こうした領域は通例、批判の対象とみなすのではないだろうか。オウム真理教事件もあったことだし、かりにこうした領域に知的関心をもつ者がいるとすれば、一般にそれは軽蔑の対象となるのではないだろうか。しかし、こうした現象は、西洋においてはかならずしもいい加減なものと断定されているわけではない。「超心理学」の分野もひとつの教育的対象となっている。

だがもちろん、オーストリアにおける公教育が、いわゆる超常現象や超能力を単純に肯定しているわけではない。その点を誤解すべきではない。「出版物の洪水のなかではっきり示されるオカルトへの一般的関心」(101)というのは無視されえないものであり、本書はこの点を考慮して、こうした現象を批判的に、また学問的にとり扱うことを生徒たちに学ばせようとしているのである。まさに賢い選択ではないだろうか。私などは、こうしたところにも、オーストリアの教育の柔軟さと深さが明示されていると考える。

教育方針のまとめ

以上で『教授計画サーヴィス』の紹介・検討を終わりたい。私はここで、本書にある哲学教育の方針を以下のようにまとめられると思う。

(1) 抽象的な哲学理論を教えるのみでなく、それを、オーストリアおよび全世界で生じている現実的問題と意図的に結合して考えさせること。

(2) だが反面、生々しい現実的諸問題を出すとしても、それを羅列するのではなく、それをじっくり理論的に反省して基礎づけること。ここで議論も可能となる。

(3) 単に断片的な知識を生徒に教えようとしているのではなく、徹底して考えること（フィロゾフィーレン）をとおして、生きるために役立つ価値や理念を獲得させようとしている。

(4) とはいえ、特定の価値観やイデオロギーを生徒に押しつけるのではなく、他の立場も公平に与え、議論をとおして考えさせようとしていること。

(5) 多様な考えや現実的な問題を出すとしても、それは論証や根拠づけを断念する、無拘束の相対主義を勧めているのではなく、あくまでそこに生ずる問題を論理的に考えさせること。

(6) 教育の中心に対話や議論、質疑応答、広い意味でのコミュニケーションが置かれている。教育がうえからの単なる注入に終わってはならないとすれば、そこでは対話や議論が不可欠である。

(7) 最終的には、生徒が自分自身の世界観や価値観を身につけることが目標である。だが、それは独断的におこなわれるのでもなければ、個人の趣味に終わるわけでもない。大事なことはそこにある根拠づけや方法的態度であり、それがあるからこそ、他人との議論が可能となり、よりよいものを目ざすことができるのである。

もしこのように総括できるとするならば、それは第一節で述べた「一般的教育目標」とまったく矛盾せず、むしろそれの具体化となるだろう。つまりそこでの目標は、個人の自由と共同の両立の試みであり、それを支える民主主義の理念であった。

これに比して、わが国の教育の理念や方針とはなんだろうか。この論文の冒頭で、生徒たちの『生きること』への問いと知的欲求」が問題とされたが、実際の教科書の内容のあり方とも考えあわせると、少なくとも哲学教育の方針にかんするかぎり、オーストリアではこれがかなりの程度満たされているのではないかと実感した。日本では、はたしてそのような確固とした理念が掲げられ、それがうまく実現できるように工夫されているといえるのだろうか。もし西欧から私たちがさらに学ぶべきものがあるとすれば、理念や原理をきちんと確認し、それを血肉化する必死の努力と工夫であり、また、そこからおのずと生じてくる、鍛えられた英知ではないだろうか。彼らとて、容易に価値や理念を体現しているわけではない。そうした理念に反する傾向は現実にたえず生ずるが、それをはね返す力も確固として存在するのだ。彼らの社会でも、人間を堕落させる要素にはこと欠かない。生徒たちのなかでも、かなり自分勝手にふるまっている者も多いようだ。しかし、みんなが納得できるような理念や価値の提示なしには、自分たちの側でも展望をもちえないし、国際社会でも通用しないだろう。

最後にギムナジウム卒業時の生徒たちの「成果」についても言及し、この章を終わりたい。

彼らは一般に卒業時に「作品」を提出する必要があり、論文を執筆する者もいる。私は哲学教師のホーフシュテッター氏のご好意で、哲学や心理学の卒業論文をいくつか見せてもらった。おおむねすぐれた仕上がりで、文献のとり扱いなど本格的である。それが学術論文の体裁をなしているのには驚く。日本では、きちんとした形式で論文を書ける大学生すら少ないだろう。彼らの卒業論文はわが国の大学生の卒論に匹敵するか、それ以上であろう。(5)

(1) 同じドイツ語圏でも、ドイツでは哲学教育はどうなっているのだろうか。この点ではまだよくわからないが、ドイツでは各州で教育方針が違い、哲学教育についてもそうである。つまりドイツ全土で一律に哲学教育が施されているわけではないようだ。ちなみに、ドイツの倫理学教育の教科書を一冊紹介したい。それはアスラム - マリクらの『良心——倫理学/価値と規範/哲学』である。ここにも、知的刺激に満ちた、興味深い教材がふくまれている。

(2) 日本でもときおり、大学の哲学教育について問題とされることがある。たとえば大坪重明は、哲学教育の困難を列挙して、やはりこの世界観やイデオロギーをふくむ哲学を教えることのむずかしさを語る(大坪「哲学教育について」)。なおこの論文をふくむ雑誌『理想』の特集テーマは「教養としての哲学」である。

(3) 個人の自由・自立性と社会的共同性の同時追求という考えは、西洋に共通の理念だろう。小池直人も、デンマークの教育と市民生活が個人の独立心・自立心の育成と「ヘルプ」の精神、自発的な相互扶助の精神とによって成り立っていることを強調する(『デンマークを探る』三三、六四、一四五頁など)。

(4) この点では、ようやく一五八番目に「子どもの権利条約」を批准した日本政府が、いかに子どもの人権を軽んじているかが子どもの権利委員会の委員たちによって明らかにされ、告発されている点に注目したい。「子どもがもしその個性と人格を受け入れられなければ、それは人間としての尊厳を侵されたことになるのです」(カープ議長)「もう一つ最後に問題があると思うのですが、日本の教育制度が子どもにとっても先生にとっても抑圧的なものになっているという点です」(ウェドラーゴ委員)「学習指導要領は極めて厳格にそして硬直的に教育課程を決めているように思えます」(サーデンバーグ委員)彼ら委員の常識は、オーストリアの教育方針と基本的に合致している(福田雅章「国連『子どもの権利委員会』からの『勧告』を読み解く」(1)三四、三八頁)。

(5) ホーフシュテッター氏の専門は科学論・科学哲学である。この観点から氏は、『哲学・社会・物理学』という正規の物理学の教科書を書いている。これは選択用の教科書であるが、それにしても、こうした総合的なテーマ（哲学・社会・物理学のつながり）が理工系の生徒にたいし教えられるということは、おおいに有益だろう。こうした教養は日本の高校レベルではどこで教えられるのか。

［付録1］
ウィーンにおけるギムナジウム体験

私たちは家族で一九九七年四月からオーストリアのウィーンに滞在したが、九月から長男（当時中二）はシェーンブルン宮殿に比較的近いゲーテ・ギムナジウムに通うこととなった。彼はそれ以前は四月から日本人学校に通学していた。次男（当時小四）は日本人学校から、現地の小学校、さらにそれからギムナジウムへと転校している。もちろんこの決断は、じつに苦渋に満ちたものであり、外国人である私たちにとって学校生活が容易におこなわれているわけではけっしてない。だがそうした苦労話は、ここでは省かせていただく。以下では、子どもをギムナジウムに通学させた親としての報告と感想を述べたいと思う。

まず簡単に、オーストリアの学制について紹介したい。オーストリアでは、まずすべての子どもが六歳からフォルクスシューレという小学校へ通うこととなる（ただし日本の小学四年、一〇歳まで）。その後は日本と異なり複線型となり、大学を目標とする者はギムナジウムへ通い、その他の者はたとえばハウプトシューレ（四年制）から職業教育学校（最高五年制）へ行き、職業上の専門知識や技能を身につける（オーストリアの学制の詳細は、ＯＥＣＤ教育研究革新センター編『ＯＥＣＤ教育インディケータ』二四八頁以下を参照）。しかし、職業教育学校から大学へ進学する道すじも存在する。

さてギムナジウムは八年制で、日本の小五から高三まで一貫して通うこととなる。通例、同じ担任が八年間担当するという。これは先生が子どもとじっくりつきあうという発想から来るのだろうが、あまり合わない先生だと困る。これほど長期間、同じ担任とつきあうのはあまりいいとはいえないかも知れない。そしてギムナジウム終了時にマトゥーラ（ドイツでアビトゥーアといわれるものと同じ）という卒業試験を受けるが、これが同時に大学入学資格となり、よほど特殊な専門を除けば、どこの大学ででも自由に学べる。だからいわゆる日本的な受験勉強体制は、まことに幸運なことにここでは存在しない。だが日本と異なり、大学はいるは易く、出るは難しである。

二人の息子が通うギムナジウムはもちろん男女共学であり、一般的なギムナジウムのほかにレアルギムナジウム（理工系）、スポーツギムナジウム（体育系）のクラスも併設されている。そして、授業時間の編成に特色があり、給食・弁当の時間がない。そのかわり休み時間には、購買で勝手にサンドイッチやジュースを買って食べてよい（息子は弁当としてセンメルという丸パンのサンドイッチ二つとリンゴなどをもっていく）。五時限終了と六時限終了の日が入り交じっており、休み時間が五分、一〇分、一五分と段々長くなる。結局短い日で一一時四〇分（これは土曜日の場合）、長い日で一三時四〇分終了となる。意外と短く、土曜も学校がある。

これにたいし、小学校は土曜も休みである。そこでもまた、一〇時くらいにおやつを食べて、一時くらいにもう学校は終わってしまう。それ以上、学校は子どもとかかわらない。なんでも、小さいころからあまり勉強させると、そうした親は教師から注意されるという。要するに、子どものうちはあまりガリ勉せず、バランスのとれた活動をすべきなのだ。ウィーンでは、もうお昼すぎになると、子どもたちがにぎやかに街を歩いている。いったい学校はどうなっているのかと不思議に思ったが、その謎がやっと解けた。

ギムナジウムに通う長男（二年生、日本の小六に該当――一年下の学年に入学した）の時間割は、月曜が、美術、美術、ドイツ語、数学、生物の五時限制であり、火曜は数学、水泳、水泳、宗教、ドイツ語、英語（六時限）となっている。そのほか、音楽、物理、歴史、体育、技術、地理などの科目がある。これで気がつくことがいくつもあるが、年間をとおして水泳が二時間、そのほかに体育が二時間あり、体がかなり鍛えられ、確実に泳げるようになることだろう。また美術、技術も計四時間あり、単に頭だけを鍛えればよいというのでもないようだ。ギムナジウム三年からは、ラテン語が加わり、さらに五年からはフランス語も学習される。宗教の時間もあるが、カトリックでなければ、たとえば仏教徒は、都心のスウェーデン広場にある仏教協会で教育を受けなければならない。もちろん無神論の家庭の子どもは、このときは自習となる。

さてふつう日本人は日本人学校に入学するか、アメリカン・スクールやインターナショナル・スクールというのにはいる。日本人学校ならもちろん日本語でおこなわれ、日本むけの受験勉強で遅れを取らないということが至上命令となる（送迎のスクールバスがあるので、一般に子どもたちはオーストリア社会からほとんど隔離されて育つようになる）。あとの二つの学校は英語が使用される。しかし現地のギムナジウムということになると、ドイツ語が使われるので、日本人学校からギムナジウムへというのは、ほとんどありえない。ゲーテ・ギムナジウムでも、日本人が奥さんであるという家庭の子どもが二組あったが、まったく純粋に日本人家庭というのは、ほかに一人しかいなかったようだ。

ギムナジウムへ入学していきなりびっくりしたのは、各科目で、ノートの大きさ、線の有無・種類、厚さ、冊数などの恐ろしく細かい指定があり、文具類を揃えるのにひと苦労したことである。要するに、日本と比較して、教師の指導性と権限がその専門教科にたいして強いということの現れだろう。こうしたことに、校長は介入することはないようだ。そのときの指定の字が手書きでまず読みにくいが（意外とタイプなどできちんと書いてくれない）、外国人からすると、この読みにくい字にいかに慣れるかが第一関門である。私は西欧人の字が概して個性的というか、汚いので、ここでは日本のいわゆる習字（ペンマンシップ）などないと思っていたが、やはりアルファベットの書き方の練習というのは小学校でひととおりやるのだ。しかし模範どおりに書かれたドイツ語ですら読みづらい。

能天気の日本人としてびっくりしたが、放射能汚染に備えての対応もあり、非常時に子どもにヨウドを飲ませるむねの承諾を親に求めてきた。この間とくに担任と随分事務的な連絡をやったが、通常の授業以外の催し（遠足、オリエンテイション、スキー旅行など）については、いちいち親のサインを求めてくることに感心をした。もちろん親が不必要と認めれば、参加しなくてていいのだ。一般に日本では、子ども人質論というか、親が学校の方針に逆らうと、あとで子どもが学校で不利益を受けるかもしれないなどといわれるが、ここではまったく逆で、親の教育権が強く、学校側はそれをおおいに考慮する必要があるといわれる（付録3を参照）。

各教科の教科書を見ると、いかに子どもの興味を引き出すかに腐心している。また全編オールカラーで、日本の教科書よりは金がかかっている。大使館でもらえる日本の教科書といちいち比較ができるので断言できるが、全体としてオーストリアの教科書のほうがはるかに面白く、生徒の興味・関心に即している。多くの科目は、現実問題との関係になるべく留意している。「歴史」など、中国などの記述が少ないなどの偏りがある点は問題だが（西欧中心主義がある！）、本格的叙述で大人にも読み応えがある。「数学」については代数はやさしいが、図形の作成の問題など、意外と幾何がむずかしい。「英語」はきわめて適切で子どもにとって興味深い場面を設定し、いかにしたら話せるようになるかを大胆に追求し、文法は以上に必要なかぎりで学ぶ。これならたしかに数年でかなり話せるだろうと思ってしまう。教科書にはカセットやCDが別売としてついている。びっくりしたのは、このカセットのなかにラップ音楽のノリで文法を教える箇所がいくつかあることだ。わが次男などは思わず踊りだすくらいだ。試験もたとえば、英語の長文を読ませ、その内容を二〇〇語で要約せよというようなものが出る。これだと実力が総合的に測れるだろうし、こういう試験や教え方だと、英語の本もどんどん読めるようになる気がする。日本の入試英語では、英語をいくらやっても話せもしないし、論文や本を楽に読めるようにもならない。実際、私自身がこの入試英語の被害者だった。

ところで、読売新聞（一九九九年一二月三〇日付け、朝刊）によると、「学校英語一〇年で〝ペラペラ〟に」という見出しの記事がのっていた。文部省が大学卒業の段階で英語でコミュニケーションができるような教育体制をつくるのだという。新指導要領（中学は二〇〇二年、高校は二〇〇三年から実施）に間に合わせるということだ。それはおおいにいい話だが、授業はグループディスカッションや討論を中心としたり、高校・大学の入試も会話中心とするというのだ。

しかし私は、また文部省の「対症療法」が始まらなければいいがと危惧する。中学・高校は英会話学校とは異なる。そのあたりの問題をどう心得ているのだろうか。この点では、メルボルン在住のラトローブ大学の杉本良夫は、英語教育に欠けているものとして、「会話より書く力を」と述べている（『朝日新聞』夕刊、二〇〇〇年四月一五日づけ）。彼によると、「高度の英作文の力は、高度な話し言葉を使えるための前提である」という。彼の国際的センスは、私のそれにほとんど一致する。この点でまさに、オーストリアの英語教育は、しっかり読め、しっかり書け、しっかり話せ・聞くことのできる生徒をつくろうとしていると思われる。そして多分、この三つの能力は相互に関連しているのだろう。その根底には、個人の自由と社会的共同性の統一こそが人間形成の目標であり、そのなかで対話能力が重視されるべきだということがある。問題は論理的に思考し、自己主張・自己表現のできる子どもをつくることで、私の経験では、非欧米やアジアの学生などのほうが英語の発音ははるかに悪くても、ずっとましなように見える。紙が燃えるようにペラペラ話せる子どもがある程度増えただけ…ということにならないことを祈りたい。

さて、「理科」についていうと、物理などの教科書はすばらしい。つねに生徒の興味や日常の経験と巧みに結びつけるようなテーマを配列しており、日本のように、（受験に必要だから）とにかく覚えましょう、というようになっていない。全頁にイラスト入りで明快に説明される。家庭でできるようなちょっとした実験が満載されており、あくまで生徒の興味を引き出すかたちで叙述されている。ＣＤも付録についている。だが、実験はそれほどやられないようだ。生物などは、そのタイトルからして『生物学と環境学』となっている。それはたしかに贅沢なつくりであり、日本でいえば、百科事典のように豪華であるが、試験は人体や動物の組織や器官の名前を詳しく書かせるような問題が中心で、いわば暗記能力がためされるものといえる。もう少し思考力を問うような問題が出てもいいのではないかと思う。

それと全体として、評価のさいにその先生の厳しさ・甘さがかなり影響するように思われた。要するに、厳密に採点・評価するシステムがそれほど必要ではないので、高度に客観的な判定基準が問題とならないのだろう。日本では、偏差値教育などで、この部分が異常に肥大化しているのだ。

ところで、ギムナジウムでの勉強が自分に向いていない、あるいは適性がないと考えた者は、専門学校へ転校する。実際、ギムナジウムではこつこつと、試験による成績と発表態度などの平常点を積み上げるという形式である。ペーパーテストがよくても、自分で意見表明を教室で積極的にやらなければ、いい成績にはならないという。成績不良者はかなりの程度自分の（家庭の）判断でドロップアウトする。日本のように、なにをやるにしてもとにかく世間並みに大学を出ておかなければ、という考えはそれほどない。ここでは自分に専門的職業能力がついていれば、それが誇りとなり、大学卒という免状が万能ではない。ドイツではマイスターという職業人が尊敬されるということがいわれるが、オーストリアでも事情は同じであろう。そういうわけで、ギムナジウム低学年では比較的人数が多いが、ドロップアウトする者が多いので、高学年になるほど人数が少なくなる。最初の人数は三〇人くらいだろうか。しかしそれが、高学年では減少していく。要するに生徒たちは、大学卒の免状にそれほどしがみつかないようだ。もっともこの地でも、大学へ行きたい、行かせたいという傾向が強まっているといわれる。

こうした制度をどう評価するかは単純にいえないだろうが、ある意味で実力主義（要は毎日の授業の理解が重要である）であり、就職のさい、そのひとの専門能力とか職業能力それ自身が問われるので、日本の教育システムよりは全体として合理的といえるだろう。またときおりやられる試験も差をつけようというような問題ではなく、理解力をためすような問題が中心だから、基本をこつこつしっかりとやればいいようだ。日本のように、中間・期末などの集中的にやられるテストはない。それは生徒にストレスをかけ、ヒューマニスティックでないからだという。試験は各教科で、任意にやられる。こうして、オーストリアの教育制度と比べると、全体的に、日本のそれが相当に非人間的かつ非合理的であることがはっきり見えてくる。

もっともギムナジウムでは、息子の話では、甘い先生の場合、生徒たちがカンニングをしばしばおこなうという。先生が見てみぬふりをすることもあるようだ。またズル休みもあるという。いまの教育は個人の自由にウェイトがかかりすぎているという意見もある。なんでも、ギムナジウム高学年（高校に該当）になると、先生が板書したことを書かないという自由も、法律的に保証されているとのことである。だから現実はもっと複雑で、オーストリアの教育をそう理想化できないだろう。

さらに大学では、途中でまた社会へ出てから大学へ自由にもどれるので、学生は必要なときに大学で勉強をするということとなる。したがって、在学しているときはつねに真剣に勉強しており、また老・壮・青の各世代の学生がいつも混在することともなり、刺激的である。ところで、私のように日本で大学生の教育を担当する者は、受験勉強のせいでおおむね出がらしのようになり、勉学目的もはっきりもてない学生たちを教えざるをえないが、学生たちの興味を喪失させないようにするにはよほどの努力をしなければならない。日本ではおおむね、なにを学ぶかというよりも、とりあえず大学くらい出ていなければというのが、入学する動機になっているようだ。だから日本の大学生は、学ぶ動機が現実に恐ろしく薄弱である。そうした「とりあえず」の学生を教える側は、テレビに負けないように自分がピエロになったつもりで、パフォーマンスをやらなければ彼らをひきつけられないのである。ところが、私がウィーン大学の哲学の講義やゼミを多数聴講したかぎりでの経験だが、教授たちはすこしはかみ砕いて説明をする場合もあるが、おおむね冗談もいわず雑談もせず（もちろんユーモアはたいてい備わっているが）、どんどん自分のいいたいことを主張する。それに学生たちは真面目に食いついていくのであり、授業内容について質問もどんどんする。日本のように、質問が出なくて困るというようなことはまったくない。教養の哲学入門のような講義でさえ、学生たちは執拗に教授たちに食い下がり、容易に納得しない。要するに相手が教授であれ、議論しているときは実質的に対等なのである。これぞ、大学教育のあるべき姿ではないか。こうなれば、あとは教師がしっかり予習すれば、おのずとそれでいい授業となる。日本では、この基本がしっかりしていないので、シラバスを出せとか、教師に余計な過重負担がかかるようになっている。

なぜ私がこの例を出したかというと、大学のはじめからこうした知的議論が容易にできるということは、すでにギムナジウムでこの能力が獲得されているということを意味するからだ。私は以前、拙著『対話の哲学』で自分のゼミナールのディベート実践の紹介をしたり、また『改訂版・現代社会』の執筆のなかで「コミュニケーションをしよう」という項目をあらたに設けたりしたが、息子の教育をとおして、とくにすばらしいプログラムがなくても、こうした能力の育成が小さいころから意識的におこなわれていることを知った。ギムナジウムの授業では、通例の授業形態のほかに、たびたび共同作業、個人報告、討論がおこなわれる。一方では生徒間の協力活動が意図され、他方では個人の自己主張が重視されるという。またこのクラスで休講になったとき、生徒たちがそのあいた時間を自分たちに使わせてほしいと要求したことがあったが、教師はそうした要求を抑えるのではなく、すすんで民主的に議論させるのである。

ギムナジウムの理念を端的にいうと、「自由」であり、さらに子どもを人間らしく育てるという「ヒューマニズム」であろう。もちろんそれは、子どもをけっして甘やかすというのではなく、厳しく育てるということをふくむ。日本では、逆に、子どもを過酷な受験体制と管理教育のなかにあらかじめ押し込めておいて、そのほかの場面では子どもをおおいに甘やかすという気風があるようだ。それ以外にやりようがないというのだろう。オーストリアはその逆を狙っており、まず非人間的な受験体制や管理教育を除去し、そのうえで厳しく勉強はやらせるというものだ。そのほかはおおいに自由で、ただ市民としてのルールはきちんと守らせようとする。

学校のなかに「○○しましょう」とか「○○してはいけません」とかいうスローガンは見当たらない。校則もないようで（じつはなにかあるのかもしれないが、見せられたことがない）、子どもを管理しようという発想はほとんど皆無である。管理教育的な面がほとんどないことも、日本との大きな違いだろう。ただし、あまり勉強しないと注意される。ウィーンの日本人学校では、廊下や教室に「明るく元気な子」とか「挨拶をしよう」とかいろいろな標語がはってあったのにたいして、息子の通った小学校では、それに類するものはない。ただ多くの生徒の顔写真とともに、「私は私（Ich bin Ich.）」と大きく書かれてあったことがとても印象的だった。日本の学校が管理教育の徹底化をはかろうとしているのにたいし、ここでは「個人の自由」ないし「自分らしさ（個性）」を尊重しているのだ。

このようにいわれると、あまり自由を強調すると子どもたちがわがままになるのでは、という心配が出るかもしれない。その感想はよくわかる。実際、そうした虞れはここウィーンではなきにしもあらずである。しかし一般に、自由にかんする日本人の発想は、かなり個人にがまんを押しつける傾向にある。不思議なことに、というよりこれがウィーンでの教育的な（しつけをふくめ）成果なのだろうが、街で見る子どもたちは日本の子どもたちよりもはるかに社会性があり、他人（大人）に気配りをするし、おおむね礼儀正しい。そしてなによりも生きいきしている。私がアパートの入口をはいろうとすると、子どもたちが進んで愛想よくドアをあけてくれる。「ありがとう」というと、ニコニコ顔で「どういたしまして」という。町なかでの社会的ルールも日本よりはるかに徹底している。もちろん不愉快な経験もときおりしたけれども、自閉症ぎみで仲間以外の他人に関心を示さない日本の若者とはかなり違う。ウィーンの子どもたちは臆さず、リラックスして大人とつきあう。だから、日本から来た私の眼で見ると、ここにたしかに個人の自由と社会的共同性が両立しているように思われてしまう。

そういうわけで、あのような標語や管理教育は、じつは子どもたちにほとんどいい影響を与えているとは思えない。こう考えたとき、私は眼からうろこが落ちる思いだった。ああした標語は無言のうちに生徒たちを圧しており、それからはずれている自分を（無意識にも）卑下することになるのではないだろうか。一番肝心なことが教えられれば、おのずと望ましい子どもに育つはずだ。それが欠けているから、余計なことがいろいろと子どもたちに押しつけられるというのが、日本の教育の現状ではないか。

日本ではさまざまな教育問題が噴出しており、いろいろと取り沙汰をされているが、ウィーンでの教育を体験した者の眼から見れば、日本の小中高の教育になにが欠けており、なにが過剰なのかが一目瞭然のかたちでわかるような気がする。私のこの実感は、ドイツでの教育を身近に体験した英語教師の大内洵子のものとてもよく似ている（『ジュンコ先生のドイツ教育体当たり奮戦記』）。日本人の感覚からすると、ドイツでは信じられない教育がおこなわれている。だがこの著作は、ウィーンの教育を経験した私にとって、さもありなんとおおいに同感したものである。もちろん私には、ウィーンでの狭い経験を絶対化したりする面がなきにしもあらずだろう。オーストリアでも、親の子殺しや青少年の麻薬の問題なども見られるし、外国人労働者（の子ども）の問題もある。イジメやイヤガラセがしつこくされた時期もあった（おそらく外国人だからという理由で）。まかりまちがうと個人の自由がエゴイズムへ転落する可能性も強い。相対主義的見地からすると、日本の教育にも優れた点があり、全体への調和をつねに教える日本の教育は、ヨーロッパの教育によい示唆を与えるだろう。

いま考えていることは、教育上の原則や教科書がおおむねすぐれているのに、どうもギムナジウムの生徒たちがそれを十分に利用していないように見えるのはなぜか、ということである。つまり、こうした好条件において、もっと子どもたちが勉強してもいいのではと思うが、かならずしもそうは見えない。実際、コンピュータ（テレビゲーム）に熱中している子どもも多いという。事態を単純化したり、理想化したりする過ちは避けねばならないだろう。子どもの質がよくなるには、じつに多くの条件がかかわっており、いま私が対象としていることは、そのなかのごく一部である。

だがそれでも、子どもを人間としてどう育てたらよいかという教育上の最大問題が、オーストリアでは、しっかりした観点から扱われている。要するに当地では、ものごとの根本をしっかり考えるという意味での「哲学」が重視されている。その点に思わず、私など感心をしてしまう。だが日本の教育では、そうした教育上の原則がまともに議論されたうえで確定されず、すべてがあいまいなままに放置されているか、せいぜい状況に押されて「対症療法」が施されるだけである。日本に蔓延しているのは、無原則的な「とりあえず精神」といわれるような考えで、さしあたりの目先のことしか考えない態度ではないか。そして、だれも反対できないような、思いつきの美辞麗句や発想だけが教育上の責任者の口から出る。そして事実上は、日本の教育では、受験勉強のための知識の細かな習得が最大目標であり、結果としていわゆる一流高校や一流大学へ入学させることが親や教師の最大目標となっており、その体制を安定的に遂行させるための管理教育が網の目のように生徒のうえに広がっているように思われる。もっとも、その体制もいまは行きづまっている。総合的な学習など、日本でもいま教育改革の試みが進行しているし、新しい指導要領も発表された。しかしそれは、どうも表面上のことにとどまり、人間をいかなる価値・理念によって育て上げるのか、そしてそれをいかに有効に実現するのか、という観点とのしっかりしたつながりを欠いたままで遂行されているようだ。しかしこれこそ、もっとも根本的な問題なのだ。

［第五章］日本の指導要領はどうなっているのか？
――日本とオーストリアの教育方針の比較・検討

全般的な教育目標の比較

私は第四章で、オーストリアの教育方針を、とくに哲学にかんして探っていった。それは全体として、きわめてすぐれたものであったといえる。そこでは、人間としていかに生きるべきか、人間はどのような価値・理念にしたがって形成されるべきかが、しっかりと議論されていた。もちろん東洋の一国であるわが国がこの教育方針を猿まねする必要はないが、それでは実際、日本でどういう教育方針が掲げられているのか、それを紹介しつつ、オーストリアと比較してみよう。

わが国で哲学的内容が関係するのは高校「現代社会」の一部と「倫理」であり、そこで扱われるのは、哲学一般というよりもそのなかの倫理学や宗教的な知識である。いずれにしても、ほぼ全入に近いわが国の高校教育とオーストリアのギムナジウムとを機械的に比較することはできないだろう。ちなみに一九九二年の時点で、後期中等教育（日本の高校に該当）での在学比率は、普通教育において日本では、七二・五％、オーストリアでは二四％である。職業教育においては、日本が二七・五％、オーストリアが七六％となっている。つまり、日本では普通教育を受ける生徒がきわめて多いのにたいして、オーストリアでは逆に、職業教育を受ける学生がきわめて多い（ＯＥＣＤ教育研究革新センター編『図表で見る教育・ＯＥＣＤ教育インディケータ』一三二頁）。そしてギムナジウムへ進学する学生の大部分は大学への進学を目ざすだろうから、そうした生徒たちがこの心理学と哲学の教育を受けることとなる。もっとも、非大学型の高等教育を除き、大学進学率はオーストリアで二八％、日本で二五％とそれほど変わらない（同上一四五頁）。

以上のような事情を考慮に入れる必要があるが、それでも原理的にいって、両国でどういう人間形成をやろうとしているのかはかなりの程度わかるものと思う。

両指導要領とその解説を一読すれば明らかなように、両者は形式的・内容的ともに大きな差がある。わずか一六四頁のなかに「現代社会」「倫理」「政治・経済」の三科目を解説しなければならないのだからそれほど詳しく展開できない事情があるとはいえ、オーストリアの『教授計画サーヴィス・心理学と哲学』と比べると（第四章を参照）、日本のそれは内容ががっしりしたものとはなっていない。いままでに示されたように、オーストリアの場合は学問的水準をきちんと押さえ、ゆたかな教育的配慮に満ちたものとなっている。それは長年の教育実践と理論に裏打ちされたものと推測される。

まず形式的なことをいえば、『教授計画サーヴィス』のなかに、心理学と哲学にかんする細かな文献紹介（教育書・研究書）などもある。要するに、それはひとつの論文の体裁をとっているといってさしつかえない。日本の指導要領解説はお役所の文書のようであり、そうした参照著作の掲載などの本格的記述もない。日本とオーストリアでは、いってみれば、学問というか、学術的な知識にたいする信頼度がおおいに異なる。オーストリアのそれを一読すると、心理学・哲学の入門書を読んだのと同様の効果があり、大人でもおおいに参考となる。だが日本のそれは、教育官僚の作文のようであり、そこになんらかの国家的必要というか、そういうものがはっきりと反映されてはいるものの、それをさらにさかのぼって、学問的水準と教育的な経験のレベルから基礎づけ、展開するという重厚な配慮が見られないようだ。したがって、それを読んでも、残念ながらほとんど知的刺激は受けないだろう。

さて、まず日本の学校教育法では、教育目標として、「国家および社会の有為な形成者として必要な資質を養うこと」、「社会において果たさなければならない使命の自覚に基き、個性に応じて将来の進路を決定させ、一般的な教養を高め、専門的な技能に習熟させること」、「社会について、広く深い理解と健全な判断力を養い、個性の確立に努めること」などとある（文部省編『高等学校学習指導要領解説・公民編』一一四頁。以上それぞれ学校教育法第四二条の一、二、三項に該当する。以下、同書の頁数を本文中に記す）。

すでに述べたように、オーストリアの学校教育法では、生徒を自立、および他者との共同へと形成することが主目標であり、そのために人倫的・宗教的・社会的価値ならびに真・善・美の価値が参照とされた。

すでにここには、西洋市民社会とはなにかを考えつつ哲学的研究をやってきた私の眼から見ても、オーストリアの文化的・知的な伝統がどっしりと控えているということが明らかである。こうした多様な目標ないし価値は、実際、深く学問的に基礎づけられているのだ。逆にいうと、古代ギリシャ以来の学問的・知的な伝統の成果として、いまここにかくかくの教育目標が掲げられている。また別のことばでいうと、個人の自立と共同に密接に関連するものとして、基本的人権、個人の自由、民主主義などのヒューマニスティックな基本価値が教育上の獲得目標であった。そのことが単にお題目ではなく、私の教科書紹介に見られたように（「ギムナジウムにおける哲学教科書の紹介・検討」）、教育実践のなかでできるかぎり実現可能なように配慮されていた。

個人か全体か？

オーストリアでは個人の形成陶冶がおのずと国家社会の目的と合致するようになっているようだ。つまり自由、社会的な共同性、人権、民主主義、ヒューマニズムなどが個人の獲得目標とすれば、それは同時に全体の国家社会の目標でもある。もちろんオーストリアも、個人が国家社会に献身することを望むだろうが、それはいま述べた個人の自由などの理念をわきに置いてやろうとはしない。個人を簡単に犠牲にして全体に奉仕させようとする短慮は、長い目で見て国家社会の健全な発展にマイナスになるということがよくわかっているのだろう。おそらくそこには、強烈な歴史的反省もまた働いていることだろう。もちろんオーストリア社会も大きな問題を抱えてはいるが、こうした基本姿勢を教育においてはとろうとしているのである。

ところが、日本では、以上のような周到な配慮と反省が見られない。さきに引用した学校教育法における教育目標をじっくり眺めよう。

「国家および社会の有為な形成者として必要な資質を養うこと」というのは、それだけとれば、たしかに必要なことである。だがそれが、いかなる理念や価値にもとづいて、また具体的に達成可能なようにおこなわれるのか。これだけならば、なんらかの国家社会の必要から個人の教育目標が一方的に出てくることになってしまう。そこではあたかも、国家社会にたいする有能な人材となることが基本目標のようだ。「社会において果たさなければならない使命の自覚に基き」というのも同趣旨の国家目標だ。ここでは、個人にたいして全体としての国家社会の比重が圧倒的に大きい。

「個性に応じて将来の進路を決定させ」といっても、このときの「個性」とは一体なんなのか。どこに「個性」を形成する教育があるのか。個人に自由を十分に与えずして、個性が育つのか…。そして、「一般的な教養を高め、専門的な技能に習熟させること」、「社会について、広く深い理解と健全な判断力を養い」といっても、それはいかなる原理でおこなわれるのか。もちろんその原理や理念は、国際社会で広く通用するものでなくてはならないだろう。それがどうも、この箇所でも、またあとになっても見られない。

もちろんオーストリアでも、生徒にとって国家社会の有能な人材となることは重要なことだろうが、それが個人の自由・自立、基本的人権、民主主義などをぬきにしてストレートに出てくるわけではない。その点では、「民主的・社会的で、かつ自由の原則へと方向づけられた法治国家」(ライトナー/ベネディクト編『教授計画サーヴィス』S.13)へと貢献することがオーストリアでは求められている。国家はまさにまずもって「民主的・社会的」でなければならないし(おそらく政治のあり方もそうあるべきなのだろう)、そこで「(個人の)自由」もおおいに尊重されるべきである。そうした内容をもった国家こそひとびとの目標なのである。

だから日本の学校教育法で、さきほど指摘したように、「個性の確立に努めること」とあっても、なんのために、どういうかたちでそれができるのかということがよくわからず、この目標が浮いたものとなっている。オーストリアでの教育方針で「個性の確立」といわれれば、これまでの説明から明らかなように、これはしっかりと保証されるものとなっている。

さらに進めよう。同様に、日本の「高等学校学習指導要領」において、「学校の教育活動を進めるに当たっては自ら学ぶ意欲と社会の変化に主体的に対応できる能力の育成を図るとともに、…個性を生かす教育の充実に努めなければならない」(一一七頁)と指摘される。ここではどうも、受け身的に「社会の変化」に対応することが望まれているが、いったいどういう価値理念にもとづいて、子どもたちが社会を主体的に形成するのかにまたもや触れられていない。オーストリアだったら、これもまたはっきりしている。生徒が身につける価値理念と社会形成の価値理念は基本的に同一であろう。ところがここでは、生徒の主体性は「社会の変化に」対応するところでのみ発揮されるようだ。社会の方向は国家が与えるとでもいうのだろうか。ここで「個性を生かす教育」といわれても、このことは単に、どうしたら国家社会に役立つのか、そのことを各人考えよということなのかと思ってしまう。それ以外にはどうも考えられない仕組みになっている。

「倫理」の教育目標と民主的対話能力

さて「倫理」の教育目標は以下のとおりである。

「人間尊重の精神に基づいて、青年期における自己形成と人間としての在り方生きかたについて理解と思索を深めさせるとともに、人格形成に努める実践的意欲を高め、良識ある公民として必要な能力と態度を育てる。」(四九頁)

これには付随的説明がついている(四九頁以下)。「人間尊重の精神に基づいて」にかんして、民主的な社会で、一人ひとりの人格を尊重するということが基本とされるという。この考えにもちろん賛成するが、だが、それがどういうかたちで実現されるようになっているのだろうか。つまり民主主義を生徒たちが主体的に獲得するということが、知的なかたちでどういうふうにやられるべきというのだろうか。

いままでに示してきたように、オーストリアでは、それが哲学や倫理のなかでも他の価値理念との有機的なつながりのなかで懸命に模索されていた。たとえば、そのためには、「会話・対話、論議は作業のさいに全面に押し出されるべきである」という方針も提示され、ある主張にたいしてはつねに批判的にその根拠づけをみずからも考え、他にたいしても要求するという態度が必須とされていた。だからオーストリアでは(一般に他の先進資本主義諸国でも)、すでに大学にはいるころには、一般に教授とほぼ対等に、臆することなく議論できる能力が身についている。それは小学校、ギムナジウム、大学での私の見聞に矛盾しない。つまり実際に、オーストリアでは自己表現重視、議論重視の教育が不可欠なものとして実践されている。

ところで、知的な会話や議論を続けるためには、ただひたすら自己主張を続け、他の意見を拒絶すればいいわけではない。まず自分の主張の論拠をできるだけ説得的に相手に提示する必要がある。その理由が「ただなんとなく」というのでは、議論はもう続きようがない。ある主張にたいし、「それはなぜですか」と聞かれたとき、「ただなんとなく」というのでは、そこで議論が中断し、その主張も説得性がないことになる。オーストリアの哲学・心理学の教育でも、また私の調べた、ギムナジウムの物理学や数学の教科書でも、「根拠づけなさい」という要求が頻出していた。その「根拠づけ」が提示されれば、質問者は納得するかもしれないし、またはその「論拠」にたいして、「それはどうしてなのですか」とさらに聞くことができる。こういう仕方でしか、知的な会話や議論は続かないものだ。これは教育期間の全体にわたって習熟する能力である。そこでは、相手が権威のある教師であっても、本当にわからなければ、「それはなぜですか」と質問する自由がなければならない。つまり自然に議論できるという背景には、さきほど述べた個人の自由、共同性、民主主義などの理念がすでに体得されているということが見られるはずである。オーストリアの教育では、すべてこのことが了解されたのちに実施されているといっていい。

もちろん日本でも、「公民としての資質」として、「健全な批判力…によって政治的教養を高める」(九頁)といわれ、「対話や作文、調査、討議」(五四頁)や「グループ討議やクラス討論」(七二頁)なども、指導のさいに示唆される。だがどうもそれが、どういう原理原則にもとづいて意味をもつのかがいわれていないのだ。それはいわば、取ってつけたもののようで、単なる抽象的なお題目にすぎない。それはいわば美辞麗句のレベルにとどまっている。生徒の、また一般市民の生活に生きいきと浸透するものとなっていない。問題はここにある。いま述べたように、オーストリアならば、民主主義の基礎として対話能力と批判能力が不可欠であり、そうした能力をもった人間たちが社会を形成するべきだといわれるだろう。

日本の指導要領の論調は、さきに述べたように、結局、国家社会のために子どもはかくあれかしというものであるようだが、だからオーストリアでのように、教育の目標は子どもを自立した大人へと育成することだという観点が希薄である。前章で見てきたように、オーストリアでは、「批判的な行動上の方向づけ」、「思考図式の単なる受容が問題ではなく、批判的に吟味でき、論証可能な、伝統を考慮する思考態度が重要であ」るとされる。だからこそ、ここに教育上のパラドクス（教師が生徒にむかっていう「自主的であれ」という要請は矛盾をふくむ）も出てくるのであり、それをクリアする人間こそ教育の目標なのであった。日本の指導要領は、こうしたパラドクスの問題にさえ到達していない。

「先哲に学ぶ」とはなにか？

ところで、「倫理」の具体的内容にかんする指示については、指導要領解説は三つの大項目を設定している（五一頁以下）。

(1) 青年期と人間としての在り方生きかた。生涯において青年期がもつ意義を理解させるとともに、先哲の基本的考え方を手掛かりとして、人間の存在や価値について思索を深めさせる。

(2) 現代社会と倫理。現代社会の特質について理解させ、現代に生きる人間の倫理的な課題について思索を深めさせる（五八頁）。

(3) 国際化と日本人としての自覚。日本の思想や文化の特色について理解させ、国際社会における主体性のある日本人としての在り方生きかたについて思索を深めさせる（六四頁）。

以上の詳細について検討する余裕はないが、たとえば理解と思索を深めさせるために、「重要な諸事項や先哲の思想などをいわば客観的に知り、知識とすることにとどまることなく、人生観、世界観を確立する上で、自ら思索を深めさせることが大切である」（五〇頁）と指摘される。だがはたして、どうしたらそれが可能なのか。「読書百遍、意おのずから通ず」というのでは困る。問題なのは、いままでくり返し指摘したように、このことを生徒に可能とする方法論的な道すじが描かれていないことだ。ところで、オーストリアならば、いままでに示されたように、それがかなりの程度見られるのだ。さらにいえば、「先哲に学ぶ」ということは彼らの書いたテキストをどうとり扱うかということでもあるだろう。「先哲に学ぶ」という点では、両国の相違は大きくいうと、①オーストリアでは原典主義であること、②オーストリアでは、テキストへのアプローチにたいする方法論がしっかり提示される、という点にある。

①については、日本の「倫理」には原典の提示はほとんどなく、単にそれの薄められた解説だけが見られる。ところがオーストリアでは、多くの哲学教科書が原典をテキストとしてたくさん取り入れ、生徒たちに考えさせるようになっている。オーストリアではいわば、あえて本物に直面させて考えさせようとしているが、これは大事なことであると思う。たとえそのとき十分に理解できなくとも、本物を与えるということは、もちろん教材にたいする生徒たちの理解度を考慮するということを条件として、とても重要なことではないだろうか。もちろんこれは、受験体制のなかで生徒の学力に細かな差をつけていくという要請があれば不可能になってしまうけれども。②については、「哲学教育におけるテキストの使用について」という項目でしっかり論じられる。日本ではこうした配慮は皆無である。ちなみに、その点では、まず以下の二点が指摘される（『教授計画サーヴィス』S. 36 ff.）。

(1)　哲学テキストとの交流は以下の点に役立つ。

①哲学的伝統の内容的問題提起を知るようになること

②哲学的な論証様式と取り組むこと

③哲学的思考のさまざまな表現様式の意義を理解すること

(2)　哲学テキストはまた、想像上の対話の相手として利用されることができる。

こうした項目は、先哲の教えをありがたく拝受するということとはまったく逆に、一定の学問的・論理的な思考様式によってテキストと批判的に取り組み、テキストを自分の思想を練り上げるための材料とすることを意味するだろう。さらにまた、オーストリアの教授計画では、テキストの選択やテキストの解釈についても専門的かつ教育的配慮が述べられるが、その点は省略したい。私がここでいいたかったことは、こうした専門的な教育的配慮が日本の指導要領解説にはほとんど見られないということである。

三つの結論

私は以上の短い考察からではあるが、以下の三つを結論的に述べたい。

(1)　オーストリアの教育方針と日本のそれと、ここには「似て非なるもの」がある。日本の教育方針においても、民主主義、人間の尊厳、討論の必要性などが指摘されていないわけではない。だがそれらは、いわば現実から遊離した抽象物のままであり、そこに実現へもっていく創意・工夫が欠けている。そうしたものは、とにかく書いておけばいいのだ、とでもいうように…。したがって、こうした価値や理念が、日本で無力なのは当然だろう。それは政治の腐敗が生ずると、思いつき程度に政治倫理が叫ばれる状況とよく似ている。いずれにしても、それは無力で役目を果たさない。価値や理念を実現させるまでに具体化する創意・工夫なしには、それは画餅にとどまる。もちろんオーストリアでも、教育問題、青年期の問題などが指摘されている。だが当地では、個人の自由や主体性などをふくめ、それら価値理念のしっかりした有機的な結合があり、また同時にそれら理念をいかに現実化したらいいのかを必死に工夫しているさまが見て取れる。経済のグローバル化が指摘される現在、しかしここには、日本と西欧と、思考様式や文化の点で超えることのむずかしい深淵があるように思われる。むしろいまは、まずそれに気づくべきではないだろうか。

(2) 日本の教育は受験勉強的な知識のあり方に大きく制約されている。

どちらがさきかは知らないが、教育方針や教科書の内容そのものと、答えのある断片的な知識の理解・暗記をこととする受験勉強的な体制とは相互依存の関係にある。つまり、教育そのものが受験勉強に見合った問題と「正しい」答えを前提としている。だがオーストリアの哲学教育では、答えなど簡単に出ない問題について徹底的に考えさせる。その他の教科でも、日本のように細かな区別などよりも、大きな問題が出る場合が多い。たとえば、ドイツ語や英語では、一冊の本を読ませて、その内容の要約と自分の解釈を数百語でまとめよというような問題である。そこでは、当人の総合的な実力が隠れようもなく現れるだろう。もちろんそれをきわめて厳密に評価するとすれば、論文試験の採点に見られるように、むずかしい問題が出てくるのだけれども。

ところで、オーストリアでは、徹底してフィロゾフィーレンすることが哲学の目的である。それも、もちろん生徒の知的理解度を配慮してであるが、遠慮なく本当の哲学的・人生的な問題を生徒にどんどんつき考えさせる。なぜならば、そうしたことが、青少年がこれからの人生を生きていくうえで是非とも必要と考えるからだ。日本でも、「酒鬼薔薇聖斗」にせよ、不登校の生徒にせよ、彼らは人生の意味をある点で強烈に求めているのではないか。

たとえば、すでに取り上げたように（拙論「ギムナジウムにおける哲学教科書の紹介・検討」一七三頁以下）、ミューレッカーらの教科書『哲学の問い』では、「人生はいつその意味を喪失するのか」というような深刻な問題がまともに提起され、生徒に考えさせるように仕向けられていた。

これは、大人へと伸びようとする生徒たちの『生きること』への問いと知的欲求」（田中孝彦「今日の中学生の知的欲求」一三頁）にかなった問題提起であり、フィロゾフィーレンの試みである。同時にまたこうした問題提起は、オーストリアのヒューマニズムの精神から出てくる配慮であろう。ところでなぜそれが可能かといえば、オーストリアでは、通例、日本におけるような受験勉強が存在しないから、こうした意味への問いも教育の対象となることが妨げられないのである。彼らは高校終了時にマトゥーラという卒業試験に合格すれば、よほどの例外をのぞいて、それが同時に大学入学資格となる。真剣に勉強するのは、大学へはいってからである。もし日本同様の受験勉強の体制がオーストリアでもあるとすれば、あのようなギムナジウム教育はほぼ不可能となるだろう。上記の人生論的な問題については、教師が「正しい」答えを与えることなどできないからだ。しかしこうした種類の問題こそ、適切な教材のもとでどこかでまともに考えさせるべきものではないだろうか。

受験体制の有無が、ある意味で（それがすべての原因ではないけれども）、日本の「倫理」とオーストリアの「哲学・心理学」の教育の差異を生んでいる。この点では、堤清二／橋爪大三郎は、受験体制の全廃、高校の卒業検定制度（↓大学の受験資格へ）を掲げているが、まさにそうすべきである（『選択・責任・連帯の教育改革』）。

(3)　ここで私たち日本人の運命にかかわることを述べなければならないだろう。

「倫理」の教育内容の三つ目に「国際化と日本人としての自覚」という項目があった。それとの関係では、生徒たちは単に欧米の思想のみではなく、仏教、儒教、日本的風土などについても学ぶ必要がある。だが率直にいって、おおむねこれらの分野は欧米の価値や倫理とは異質であるといってよい。西洋の民主主義や基本的人権、個人の自由などの価値観からすれば、むしろ対立的ですらあるだろう。この二つをどうつなげたらいいのか。オーストリアなどではこうした困難はほとんどない。彼らもたしかにオーストリア哲学の独自性について云々するが、それも広くいってヨーロッパの枠内での産物である。

前にもすこし言及したが、ウィーン大学のフランツ・ヴィンマー教授らの提唱する「相互文化主義」は、西洋中心主義をまっこうから批判し、アジア、アフリカなどの哲学・思想を西洋のそれと対等に並べて考えようとするものだった。だが彼らの試みは、少数勢力でしかない。

だから、近代以後の日本に生きる私たちは、文化的な意味で精神分裂症に陥っているといっても過言ではない。日本の教育官僚たちが西洋の価値観を表面的にしか理解できないのは、哲学的な意味での教養の欠落という問題とともに、一部この問題にかかっている。だが以上の西洋的価値観は、なにもすべて猿まねする必要はないし、またじつはそれも不可能だろう。国際化のなかでますます科学・技術を発展させ、経済的な市民社会を発達させせようとする日本という国にとって、以上の西洋的価値観は別の意味のグローバル・スタンダードとして本当は必要なものである。そしてそのうえで、民族固有の問題を考えるべきではないだろうか。そうした作業をへてこそ、日本固有の価値観を世界に向けて説得的に発信できることだろう。

その点では、さきに触れた「国際化と日本人としての自覚」のなかの「外来思想の受容と日本の伝統」(六五頁)という項目は、ある意味でおおいに重要である。つまりここで、日本人は明治維新以来の近代化・産業化の過程のなかでどのような矛盾を生きてきたのか(また生きているのか)、このことをオーストリアの教育に習って、生徒たちに率直に問うて、フィロゾフィーレンさせるべきではないか。そして、ウィーン市教育委員会が示した態度、「私たちは矛盾と生きることを学んできた。矛盾は民主主義の塩である」――この実践的英知に学ぶべきではないだろうか。このように生徒を信頼できたとき、日本の教育の様相はかなり変わるのでは、というように思う。

中教審答申に触れて

日本の教育の状況も、周知のように、いまや根本的変革なしにはどうしようもないほどに悪化してきた。文部省も中央教育審議会に諮問し、第一次答申(一九九六年)、第二次答申(一九九七年)がそこから出された。いま私の手もとにあるのは、この二つの答申にたいする文部省の解説である。この内容をすこし考えてみたい。

第一次答申における「答申のポイント」としていわれることの第一は、「これからの教育は〔ゆとり〕の中で〔生きる力〕を育成することを大切にします」ということだ。では、「生きる力」とはなにかというと、そこに二つのことが書いてある（文部省編『二一世紀を展望した我が国の教育の在り方について――子供に〔生きる力〕と〔ゆとり〕を』三頁）。

・自分で課題を見つけ、自ら学び、自ら考え、主体的に判断し、行動し、よりよく問題を解決する能力

・自らを律しつつ、他人と協調し、他人をおもいやる心や感動する心など豊かな人間性とたくましく生きるための健康や体力

これらのことに反対するひとはいないだろう。そして第二次答申では、さらにそれを展開して、筆頭に「これからは、一人一人の能力・適性に応じた教育を進めます」と述べられる（文部省編『二一世紀を展望した我が国の教育の在り方について――個性尊重の教育を目指して』二頁）。そこでは、「個性が尊重され、真に豊かな成熟社会の創造を目指し、教育改革が必要」、「社会の急速な変化に柔軟に対応できる個性的な人材や創造的な人材を育成することが不可欠」と指摘され、そこから、「一人一人の能力・適性に応じた教育」の必要性が強調される。そしてまた、学歴社会偏重の問題を取り上げ、企業や親などがこの問題に取り組むべきと主張する（七頁）。

いまや以上で説明した文部省指導要領の考えがここで破綻し、だれの眼にもその問題性が明らかになってきたと見られないだろうか。たくましく生きる力、個性的な人間の育成は、それがお題目にはなっていても、じつは実現できない仕組みになっていた。この点では、さきに引用した堤清二／橋爪大三郎の提言も、上記の中教審答申を鋭く批判する。

(1) 第一の問題点は、教育問題の所在を適切にとらえておらず、対策が対症療法に終始していることである。「心の教育」を強調する中教審は人間の「心」という曖昧なものに原因を求めるが、心を教育すれば問題行動が起きないというのは根拠のない考えであり、適切に行動する訓練こそ問題である。心で考えることは個人の自由に属し、大事なことは必要な行動がとれるということである（『選択・責任・連帯の教育改革』三〇頁以下）。

(2) 第二の問題点は、学校をめぐる価値観の転換がはかられていないことである。「ゆとり」という発想は、じつは受験競争、詰め込み教育を基本的に承認したうえで、その度合いをゆるやかにしようということにすぎない。この点で、あくまでやはり対症療法に終わっている。「生きる力」という発想も同様で、これは耳ざわりのいいことばだが、教育環境を取り巻く構造的問題に手をつけず、学校中心の価値観を依然として押しつけている（三二頁）。

私は両者の分析や提言のすべてに賛同するわけではないが、以上のかぎりではおおいに同感する。

さらにそこでは、最後に「教育の哲学」や「価値をめぐる教育」(三七頁以下)の必要性が強調される。残念ながらその内容はまだ展開されていないが、そうした内容こそ、じつは私がオーストリアの教育にそって紹介・検討してきた内容といえるのではないだろうか。いままで検討してきたオーストリアの教育上の原理と方針は、たくましく生きる力をつけた、個性的な人間をおのずと育成することだろう。

ところで、文部省も学歴偏重などの問題とのかかわりで、「親を含む国民全体が意識を変えていくことが重要です」という。そのさいの問題項目は

・横並び意識
・同質志向
・過度に年齢にとらわれた価値観

であるとされる(文部省編、前掲書七頁)。だがこれも、いままでさんざんに強調した、オーストリア教育の根底にあるあたりまえの価値意識に従えば、ほぼ実現できることだと思う。「過度に年齢にとらわれた価値観」などという儒教主義的(?)価値観は、オーストリアではほとんど見られなかった。個人の自由と個性の発揮は、日本人の眼からすると行きすぎではないかと思われるくらい最大限推奨されている。

大学新卒などという横並び的募集はないようで、あくまで個人の能力が問題となり、大学でもなにを学んだかが問われる。問題は自分で責任をとるということと、市民社会のルールを守るということ

であって、これさえ守ればあとは本当に自由である。日本では学校であれ、企業であれ、上位に立つ支配者が横並びを強制し、それどころではなく、相互にさえもなんとなく規制・監視しあっている。男女の性別、年齢、職業などで「○○らしく」のモラルと習慣が網の目のように広がっており、個人の自由が大きく制限され、最後は自分で自分を規制することで個性の希薄化が完成する。学校の校則や制服はその最たるもので、その趣旨は結局、そのほうが管理しやすいということ以外にはないだろう。

日本人の宿命？

ところで、歴史学者の阿部謹也は、ヨーロッパが個人を中心として社会を考えるのにたいし、「世間の基準」によって日本人は行動してきたという。「自分の行為がまわりからどう見られているかを知るということがわれわれの基準です。そこに日本の個人とヨーロッパの個人の根本的な違いがあります」（『ヨーロッパを見る視角』九八頁）もしそうだとすれば、横並び体質、同質志向、○○らしくというモラルは、日本人が長いあいだ培ってきた習性なのだ。だから号令ひとつで変えられるものではない。そして、これはこれで、ひとつの固有の文化の型であり、いちがいに否定されるものではないだろう。

しかし、そうした社会的・文化的体質がいま問題とされているのも事実であって、それが日本人だ！　と開きなおるのは本末転倒だろう。だがそうすると、これは日本人の宿命であり、どうしようもないことなのだろうか。私はそう考えてはいない。たびたび指摘してきたように、経済と組織のグローバル化のなかで、西洋市民社会の倫理的・精神的要素をそれと自覚して、さらに学びなおし、日本へ適当なかたちで輸入すべきだろう。こうした点では、日本人はほとんど猿まねに終わっていたのではないだろうか。私は第二章、第三章などで述べたように、欧米におけるキリスト教の存在の大きさを喜んで認めたい。だが、キリスト教をもち出すことで思考をストップさせてはならない。そのキリスト教すらもが、現実の社会のなかで対応を迫られ（宗教改革と反宗教改革！）、生きのびてきたのだ。第二章の宗教教育の箇所で強調したように、その宗教教育の実際の中身は、基本的人権とヒューマニズムなど、よき市民として生きることを中心としている。このことに注目すべきである。

さて、中教審答申にかんするさきの二つのパンフレットにもどろう。そこでは、「いじめ・登校拒否」「基本的倫理観」「入試の改善」などの深刻な問題にさらに触れられるが、それらの問題の解決のために普遍妥当する価値理念についてはついぞ指摘されない。そしてそれを説得的に実現する方法を矛盾なく提示するということがない。それはいわば、お役所仕事の思いつきないし「対症療法」にとどまる。ここでも依然として、オーストリアと日本の教育観の根本的差異を実感する。そしてまた、古い考え・価値観を根本的に変えなければならないのは、どうやら旗振り役の文部官僚自身ではないだろうか。(1)

（1）一九九九年一二月に高校の新指導要領が出版されている。その基本方針はいままで見てきたことと変わらず、子どもたちに「ゆとり」を与え、考える力などの「生きる力」の育成を基本とする。そのために「総合的な学習の時間」を設け、完全週五日制を導入するとされる。また四つある基本方針のなかに、「自ら学び、自ら考える力を育成すること」というものもある（文部省編『高等学校学習指導要領解説』一頁以下）。だがやはり依然として、官僚の作文のようである。

［付録2］ギムナジウムの哲学教師たちの回答と意見

オーストリアの教育が実際どのようにおこなわれているのかは、出版物だけではもちろんわからない。この点で私は、ギムナジウムにおける哲学教育の授業を参観したこともある。以下では、ギムナジウムの哲学教育の参観について簡単に紹介し、そののち現場の哲学教師の意見を紹介・検討したい。

欧米の大学の講義・ゼミを参観したひとは、口をそろえて参加学生が活発に議論するさまを見て驚く。講義者である教授とも対等に議論をするのである。私自身、ウィーン大学でじつに多くの講義・ゼミに参加したが、そこでも活発に議論がなされていた。だが彼らは、大学ではじめてそうした能力を獲得するのではない。すでにギムナジウムの段階から議論能力、問題発掘能力を身につけるように指導されている。

幸い私は、ギムナジウムの二つの哲学の授業を見聞することができた。ここでは、『哲学の問い』の共同執筆者ミューレッカー氏の哲学講義についての印象を中心に述べたい（ウィーン一一区の公立ギムナジウム)。そのクラス(高校三年に該当)には、なんと一九名しか生徒がいなかった。当日氏はポパーや論理実証主義について講義したが、授業はきわめてにこやかな、リラックスした雰囲気で進められる。教師が少し説明し、そのあと簡単な質問をする。そうすると、生徒がただちに気軽に答える。彼らはたいしたことをいっていないが、緊張せず、自由に発言する。なんとも印象的であり、教師が高い位置にいるという感じがしない。やがて女子生徒がやおら立ち上がり、戸口のところへ行く。にっこりほほえんで、外を指さし、出ていく。トイレだろうか。

大きな机のうえにはいくつも人形をおく生徒もいるし、ジュースの缶などもおいてある。ここでは生徒を管理しようという発想はほとんど感じられなかった。大事なことは「ヒューマニズム」と「自由」なのだろう。とはいえ、あまりにも個人に自由を与えすぎているのではないか、という反省もなされてはいる。いずれにしても、日本の教育状況からすれば、ちょっと信じられない光景であった。

さて私は三人の哲学教師に質問状を出し、回答を要請した(一九九八年八月に作成)。回答を寄せてくださった先生方に心より感謝したい。

私はおおむね以下のような質問をおこなった。

(1) ギムナジウムの哲学教育の目的はどのようなものですか。ある教科書では、それはカント的な意味での自己思考(自分の頭で考えること)だといっています。

(2)　哲学教科書を執筆するとき、どのような制限がありますか。日本ではかつて、とくに歴史の教科書などをめぐって文部省側と執筆者のあいだでトラブルがありました。

(3)　教科書は中立的に書かれるべきか、それとも一定の立場から書かれるべきですか。

(4)　一般にオーストリアの教科書では、非西洋の思想は見いだせません。現代的な観点から非西洋の哲学・思想はどのように評価されますか。

(5)　私はオーストリア哲学のもとで、ウィトゲンシュタイン、ウィーン学団、ポパー、フロイトなどの思想家を理解していますが、こうしたオーストリア哲学は当地の教科書執筆のさいにどのような役割を果たしてますか。あるいはそのようなことは、教科書作成にかんして無関係なのでしょうか。

以下私は、回答者であるギムナジウム教師を便宜的にA氏、B氏、C氏と呼びたい。さて、(1)の哲学教育の目的にかんしてA氏は、そのもとでなにが理解されようとも「哲学すること(Philosophieren)」が目ざされるという。要するに徹底してフィロゾフィーレンせよ、つまり自分の頭で考え、その意見を表明せよ、場合によっては積極的に議論せよ、ということである。この方針は、単に哲学教育にとどまらず、人間の知的形成全般にとって必要なことではないだろうか。逆にいえば、欧米人があれだけ自己表現・自己主張する背景には、こうした教育方針の実践があるといえる。日本の教育では、こうした問題はどうなっているのだろうか。

ところで興味深いことに、A氏は、哲学的営みは現実を離れたユートピアでのできごととみなす。ここでの「ユートピア」というのは、哲学が人間の現実的な営みとまったく無縁だということを意味するのではなく、既成の現実にとらわれずに、自由に発想し考えるのが哲学だという趣旨だと思われる。B氏もまた、哲学教育の目的は「哲学すること《フィロゾフィーレン》」だと述べ、「批判的反省の能力」が生徒に与えられるべきだという。受験教育中心の日本では、この能力が育つのだろうか。

(2)の教科書執筆のさいの制限という質問にたいする彼らの意見を総合すると、教科書執筆にかんしては、まずいままで述べてきた『教授計画サーヴィス』を考慮することと、「教科書認可委員会」の許可を受けることが必要だということとなる。とくにB氏によれば、教科書認可委員会による条件として、①教授計画との一致、②生徒の自立性への配慮、③そのつどの学問的水準を考慮すること、④オーストリアの社会的状況への配慮、⑤子どもを国家市民へと教育すること、⑥必要な言語的表現のむずかしさへの配慮、⑦教科的素材が目的に合致していること、を列挙している。以上の点はそれぞれ興味深い。これらの点は、いままでの検討から明らかなように、国民（生徒）をただ国家の都合で左右するというように理解されることはできないだろう。②にそれが明示され、これもまた、日本の教育に欠如しているものだった。そしてC氏は、その内容には触れていないが、教科書執筆者と委員会とのあいだで摩擦がないわけではないと指摘している。

(3)の教科書執筆のさいの立場という問題については、A氏は立場の多様性を強調する。そのことによって、青年たちを単一性よりも多様性へと、閉鎖性よりも開放性へと、また近視眼的見方よりももっと広い見方へと教育するという。これもまた、日本の教育ではそれほど見られないものであろう。B氏は、中立的か特定の立場かにかんしては「あれかこれか」の選択はなく、両視点はおのずと合流するという。いずれにせよ、若者を多様性と公共性へと導く必要がある。そして注目すべきことに、氏はたとえヒューマニズム、民主主義、基本的人権、個人の自由などが教育の目標として設定されているとしても、それもまた批判的に反省されるべきであって、それがいかにして普遍妥当するかを吟味すべきだという。どんなすぐれた理念でも、それがう飲みにされたらその意義を失うからだ。まったくもってそのとおりで、どんなにすぐれたものでも、それがう呑みにされたら、悪いものに転化してしまう。ここには、どんなものでも、「真理」といわれるものでも、一度批判的に検討すべきだというデカルトの方法的懐疑の理念がある。ここまですぐれた思想をもった教師に教えられる生徒というのは、幸福といえるだろう。

さてC氏は、もっとも興味深い教科書は特定の立場から書かれたものだという。だがそれでも、その立場は絶対的ではないのであって、他の立場が引き入れられ、参照されなければならないという。たしかにそのとおりである。これは教授計画にあったとおりである。そして氏は、あまりにも激しい論争的なテーマは、教育的配慮からして、教科書では断念されるべきだと注意する。生きいきとした、生徒の関心をひくテーマが設定されなければならないことはもちろんだが、しかしあまりにもホットなテーマは、生徒の頭を混乱させるだけに終わるかもしれない。この点での配慮はむずかしいものをふくむだろう。そしてまた氏は、教科書の内容として、民主主義的国家社会にたいする攻撃は考えられないだろうと付加する。ここには過去のファシズム体験などがかかわるだろうが、だがもちろん、民主主義すらもが批判的に検討されるという考えは許容されるものと思われる。しかし結果として、民主主義を一方的に攻撃する立場はとられるべきではないというのだろう。

(4)における非西洋の思想の扱いはいかにという質問にかんしては、A氏は自分が西洋の哲学を志向していることを告白しつつ、ヨーロッパ的な仕方で非西洋の哲学も考えたいという。またB氏は、さきほどの教授計画にしたがえば、すでに西洋の哲学が教授内容として与えられているのが事実だという。非西洋の哲学は選択科目としてのみ可能であるという。ミューレッカーらの教科書『哲学の問い』では、その「講述用」の部分では非西洋のテーマはほとんど見られなかったが、「テキスト」の部分では、西洋の哲学や文化を絶対視する考えを批判する相互文化主義（Interkulturalismus）や日本の禅仏教のテキストが挿入されている。この点でたしかに、この教科書でも、通常は「講述用」が用いられるのだから、非西洋の思想は選択科目で扱われるということになるだろう。日本人の眼から見ると、ここには大きな偏りがあるように思われる。というのも、私の意見では、欧米の生徒たちに非西洋の思想を教えることは、是非とも必要と考えられるからだ。もしそうでなければ、生徒たちはおのずと西洋中心主義に染まり、異文化に無理解となる危険性がある。

(5)のオーストリア哲学のとり扱いという質問にかんしては、A氏は、「哲学すること《フィロゾフィーレン》」自体が重要である以上、西洋的、非西洋的の区別などにはあまりこだわらないという。もちろん自分がオーストリアで生まれ育ったことは拒否されえない事実であるので、おのずとオーストリア哲学が示されるかもしれないと示唆する。多分ここには、ウィトゲンシュタイン流の「おのずから示す哲学」が念頭に置かれている。ウィトゲンシュタイン『論理・哲学論考』(6.522)では以下のようにいわれる。「表現できないものはたしかに存在する。それはみずからを示す(zeigen)」A氏はかなりこった言い回しを好むが、同時にウィトゲンシュタインの思想にひっかけて、一般的な哲学的思索が問題となるとしても、おのずとオーストリア哲学が顔をのぞかせるだろうといいたいものと推測される。

B氏は以上の教科書認可委員会の条件によって(多分④)、オーストリアとの関係は配慮されるべきだという。だが氏は同時に、「哲学すること」が問題とされる以上、オーストリア的とか日本的とかいうのは、ほとんど意味をもたないと主張する。だがここで、曖昧なものが顔をのぞかせているのではないか。教授計画をふり返ると、この点にかかわって、「西欧的な心構えと世界への開放に結合した、オーストリア的な意識へと生徒を導くこと」という一般方針があった(『教授計画サーヴィス』S. 13)。つまりひとびとはオーストリア的な精神をもつ必要があるが、それはヨーロッパ精神と結びついていなければならない。だが同時に、その精神は広く世界にも開放されていなければならない。問題は、精神の「世界への開放」がいかに徹底してやられるのか、ということである。これはどうもスローガンだけに終わっているような気がしないでもない。
教授計画では、哲学的思索は事実上、西洋哲学に限定されている。日本などの哲学が本当に問題とされるとするならば、私見では、それは西洋哲学の前提に大きな文化的ショックを与えるはずである。哲学的思索を一般的に遂行すれば、西洋的とか非西洋的という区別は問題にはならないというのは、やはり楽観的な考えではないかと思う。こうした異文化の問題はあまり深刻に意識されていないようだ。

ここですこし、私が研究滞在したウィーン大学について述べさせていただきたい。ウィーン大学でも、もちろんオーソドックスにドイツ哲学、西洋哲学を教授する教員が多いのだが、すでに指摘してきたように、なかにはフランツ・ヴィンマーのように、相互文化主義（Interkulturalismus）の立場にたって、徹底して西洋中心主義を批判する場合もある。ヴィンマーのゼミナールは外国人が多く所属し、国際色ゆたかで、なかなかの人気があったと思われる。彼によれば、西洋もひとつの地域的価値を示しているのであり、その点でアジアやアフリカの哲学・思想と価値的に同等であり、けっしてそれが無条件に普遍的な価値を提供しているわけではない（氏の最近作として、『文化比較における哲学の理論と方法にかんする講義』がある）。だが依然として、氏のような立場はまったくの少数勢力といっていいだろう。

ところで、C氏はもっと積極的にオーストリア哲学に言及する。氏によると、オーストリアの国土で哲学を研究してきたひとたちが執筆するのだから、オーストリア哲学の比重が大きくなるということはありうる。とにかく、オーストリア哲学は「科学論」と「言語哲学」の分野で大きな成果をあげてきたのであり、この点で氏は、ポパーとウィトゲンシュタインの名前をあげたいという。そのときに氏は、哲学教育では、議論や批判を強調する「ソクラテス的方法」が重視されていると付加する。この意味では、徹底してフィロゾフィーレンするというオーストリアの哲学教育——いや多分、教育全般においても——の方針は、それは孤独な思索に終わるのではなく、他者との対話や議論を不可欠の要素としてふくむといえるだろう。

以上で三氏の意見の紹介・検討を終わるが、その基本部分はいままでの教授計画の方向とおおむね一致しているといえる。これはある意味でとても幸福なことである。つまり良心的な（と私には思われる）教師の意見と国家の教育方針とがそれほどかけ離れていないのだから。またもちろん、オーストリア哲学の位置づけなど、以上三氏のあいだで見解の相違もはっきり見られた。だがそれは決定的な問題ではないだろう。そしてうらやましいことは、ギムナジウムの哲学教師が、それぞれ自分の意見をきちんともっており、それを堂々と主張していることだ。彼ら主体的な教師の存在こそ、広く考えてみれば、オーストリア教育の成果なのではないだろうか。つまり、教師がいかに教育されるべきかという問題がここにある。

ちなみに、上記三氏はすべて博士号取得者である。たしかに哲学を教えようとするならば、このことは当然かもしれない。あれだけの哲学教科書を教えるには、大学院卒でなければ不可能である。もちろんオーストリアでも、高校教師がすべて博士号を取得しているわけではない。だがあるギムナジウムでは、教師の全員が修士号取得者であるという。日本でも、高校教師の資格として、すくなくとも修士号取得を条件とするというのは、教育を重視するとすれば、有効な方策のひとつとなるだろう。もっともそれは、専門バカを求むというのではもちろんなく、以上に紹介してきたオーストリアの教育を担えるほどの知的教養をもった人間を求めるという意味においてである。

［付録3］親は教師の共同のパートナーである

権利というものについての考え方が、日本とここでは決定的に違っている。日本では「権利」というと、「権利が乱用されている」などとよくいわれるように、かなり否定的にとらえられることが多いようだ。そこでは、あたかも権利がひとびとにたっぷり与えられているかのように、その行きすぎが心配されることが多いのではないだろうか。「自由」についても同様だろう。「自由がはき違えられている」とは、しばしばいわれる表現である。そのように考えるひとが、この国の「権利事情」をつまびらかに知ったら、驚くことが多いだろう。こう書いている私自身がまさにそうである。この国では、「人権通り」という名前の通りすらある。権利重視の考えは、ヨーロッパにおけるヒューマニズムの思想と密接不可分で、人間は人間らしく生きるべきだという考えと深くつながっている。

すでに、宗教教育の教科書（第三章を参照）、ギムナジウムの哲学教科書や指導要領に即して触れたように、基本的人権の驚くほどの重視は、ヒューマニズムの思想や個人の自由、個人主義、民主主義の考えと一体となってなりたっている。生徒についていえば、子供の権利がとくに問題となるだろう。

ところで、権利の概念をふくめ、ヒューマニズムの思想や個人の自由、個人主義、民主主義の考えなどというと、そうした西欧起源の価値観や理念はすでに日本でいい古されているように考えられることが多いのではないだろうか。すでにそうした西洋的価値観は限界を露呈し、もはや欧米諸国も日本も、現在、経済危機、環境問題など前人未踏の問題にともに直面しているのだ…。だがそうだろうか。そうした側面はたしかにある。しかし、そうした認識のみでは、結局、方向を確実に誤るのではないかと危惧するのである。

ウィーンという中欧の伝統的な都市に暮らしていると、その全貌はまだ自分にもつかめていないけれども、どうもいままで見えなかったことがだんだんとわかってきたような気がする。私自身、ヒューマニズム、自由、人権、民主主義などの理念を重視し、そうした立場からできるだけ広く哲学・思想を探究してきたつもりである。それでもなお、私には、そうした理念が生きている現実世界の厚み、あるいはそこに生きて呼吸している人間たちのいとなみが把握できていなかった。むしろ自由も人権もほとんど理論的に知らないとしても、実際にそうした考えを血肉化しているひとびとの群れがここに生活しているのである。そして国家社会を指導するエリートは、こうした理念こそ人間を幸福にするものと確信し、それを社会のあらゆる場で生かそうと努力している。そして家庭でのしつけ、さらに公教育の場こそ、それら理念の現実化の不可欠の機会であろう。さらに宗教教育のなかでも基本的人権の考えが重視されているように、宗教もまたオーストリアでは同様の価値を子供たちに教えようとしているようだ。

いままで検討してきたように、日本の教育では、いま述べた価値・理念はお題目にとどまっており、その実現にはほど遠い状況だった。彼ら指導者たちはこれらの価値・理念を本当には理解していなかったことが明らかになった。それは教育の分野にかぎったことではないだろう。じつは過去において、私たちは、近代化・欧米化を上手に遂行したつもりになっているが、その表面部分だけを輸入したにとどまり、それなのに、そうした西洋の考えはすでにもうだめだと錯覚しているのではないだろうか。器用に猿マネしたにすぎなかったのではないだろうか。あらかじめことわっておくが、私は欧米社会がもっと広く考えると、深刻な矛盾を抱えていると思うけれども。だから私は単純な近代主義者ではないつもりだ。

以上の点では、近代化・欧米化にともなう二つの側面を指摘できるだろう。物質的・制度的側面と精神的・理念的側面である。前者はよく目に見えるものであり、人間の物質的幸福にストレートにつながるものである。それは組織・制度や科学・技術の側面であり、この面では日本は急速に、みごとに成功したといえる。日本資本主義のいままでの発展がそのことを示しているし、とくに日本の技術の優秀さは欧米を凌駕することが多い。

だが、後者の精神的・理念的側面はどうか。それは前者に比べて目に見えづらいものであるだけに、わかりづらい問題である。とくに日本は、明治維新の時期において、和魂洋才という戦略を採用し、前者の側面においては欧米化を徹底するが、魂、精神の側面は日本古来のものを温存するという方針をとった。しかし、そう器用にいくものかどうか。じつは欧米では、以上の物質的側面と精神的側面は一体化しており、けっして前者の側面だけを器用に取り出して成功するものでなかった。

ところで、たまたま無料で各戸配付される『購買新聞』のなかに「公立学校における親たちの共同決定」というタイトルで、教育における親たちの権利が啓蒙的に解説されていた。それは私たちウィーンに住む外国人にとってとても興味深く、ありがたい記事だった。

その内容ははじめて子どもを学校にやる親たちにたいしてのアドヴァイスであり、日本でいう「PTA」関係の組織、つまり「保護者会」さらに「クラスフォーラム」「学校フォーラム」というような組織についての解説である。そこでは、教育が単にうえから一定の法律にしたがっておこなわれるのではなく(もちろんその面は存在するが)、生徒の親たちがいかにして教育の過程に意見を反映させることができるのかということが、当然のこととして問題とされている。

この点では、一九八六年以来、親たちの共同決定が法律的に規則化されていると説明される。では、だれとの「共同決定」なのか。それはもちろん、学校の責任者、つまり教師たちと親たちとの共同決定である。そこでは、子どもの教育にかんして親たちは、教師との「教育上のパートナー」とされている。この点では、ウィーンでの生活を活写している倉田稔も、「大きな違いは、教師と父母が対等の立場での教育論議が活発なのだ《ママ》。日本ではPTAで、教諭と母親が教育論議を激しくやり合うことはない」(『ウィーンの森の物語』二八頁)と書いている。もっとも私の経験では、参加する父母はかならずしも多くはなかった。だがいずれにしても、驚くべきことではないだろうか。日本でこういうことを主張する親がいたら、教師のみならず他の親たちから白眼視されるにちがいない。生意気なことをいうな、出すぎたことをいうなと。しかしこの親の教育権の存在が、この国では当たり前なのである。親としては大事な子どもを預けるのだから口出しするのは当然なので、お上に子どもを任せたというような考えは毛頭ないのだ。そこでは、こうした考えを当然視する思想が確固としてある。日本では、こうした問題はどう考えられているのか。

もうすこし詳しく見よう。「クラスフォーラム」では、いくつかのクラスでの催し物（プロジェクト週間、スキーコースなど）が計画されるが、そのさい親たちは必要とされる費用などについて決定する。私の経験したところでは、親たちがこれを主催するようである。プロジェクト週間とは、日本でいう修学旅行のようなものであり、山のなかのユースホステルなどで子どもたちを伸びのびと活動させるものである。日本の修学旅行だと二泊三日くらいだろうが、それは一週間くらい続く。要するにそれは、子どもは小学校時代くらいはのんびり育てられるべきだという考えのひとつの現れである。

ところで、親たちの介入はそれどころではない。「クラスフォーラム」での本質的な課題は、授業や教育上の問題にかんして、さらに授業用教材の選択にかんして助言をおこなうことであり、だからして親たちは、教師との「教育上のパートナー」なのである。こうして親たちは、教師とともに「子どもの成長に対する共同の不可分の責任」を負うのである。このクラスフォーラムは年に四回開かれると述べてある。

　こう紹介すると、いちいち親が介入するなんてたまらないという教師の声が聞こえてきそうである。その考えは、日本にいるとたしかによくわかる。それでも、親たちにある程度縛られるといっても、もしそれがうまくいけば、かえってすぐれた教育ができるだろう。日本では結局、教師に不満があっても陰口をきくくらいが関の山という親たちが多いのではないだろうか。要は、立場を異にするひとたち（親、教師ら）が、子どもの教育という共同の目的に向かっていかにして議論しつつ協力していけるのかという問題なのである。

　そして反面、教師の権限はかなり強い。それは学校全体にたいしてそうであり、専門職としての教師の自立性は日本よりずっと強い。教師はかなり自由にクラスの教育を実践できる。たとえば、あるクラスがみんな熱心で、授業の進度が高まったとする。そうすると、自発的に課外活動をそこで設定することも可能である。日本では、すべて一律でないと気がすまないが、ここではそうではない。だが、個々の教師の権限が強いということには、他方では悪い面もある。ある教師がかなり恣意的に教育をおこなうという点である。ある生物の教師が、異常なほど細かく豚とイノシシの区別を生徒たちに調べさせ報告させたということを聞いたことがある。もちろんこうした事実があれば、この国では当然にも親たちが黙ってはいず、会合で教師とその問題について議論するのである。

　さて「学校フォーラム」はもっと規模が大きいもので、それは学校が自律的に決められる年四日の休みの日について決定したり、教科書、教材、学校独自の教育計画や校則などについて決定する。この「学校フォーラム」は「クラスフォーラム」と同日に開催される必要はない。こうした「学校の自立性（シュールアウトノミー）」の拡張につれて、親たちから選出される代表委員の負担は増えるが、しかし彼らの仕事は面白く、価値のあるものとなるだろうといわれる。

学校の指導部やクラス担任は、学校のすべての問題ごとにかんして親たちの代表委員に十分に情報を与える義務を負っている。以上の点については、学校の法律にかんするパンフレットがあり、それを親たちは自由に入手できるのである。

ところで私は、ギムナジウムであるけれども、親たちの会合に二度ほど出席した経験をもつ。それは「親たちの夕べ」といわれるもので、夕方におこなわれる。昼間だと働いている親が多いからだろうと推測されるが、そこでは興味深いことに、父親の出席が目立つ。もちろんその背景には、父親が会社にそれほど縛られず、豊富な自由時間をもてるということがある。日本で父親の影が薄いということの背景には、残業などをふくめ、長時間労働の慣行がある。父親たちの頭の切り替えが必要なことはもちろんだが、こうした社会的事実を抜きに父親を責めるのは単なる説教に終わる可能性がある。

最初の「親たちの夕べ」は夏学期開始後まもなく開かれたが、その内容は、担任や各教科担当の教員の自己紹介、今年のスキー旅行の説明や、去年のプロジェクト週間のビデオの上映などであった。面白いことに、そこには多くの子どもたちが参加しており、とくに自分たちが関係するテーマ（スキー合宿）になると手をあげて自由に発言していた。まったく屈託がない。ある意味では、子どもは親と対等という感じである。

第二回目の「親たちの夕べ」はもっと深刻な内容が議論された。ひとりの担当教員が親たちの質問を受けて立つというかたちになったが、開始後すぐに親たちは英語やドイツ語、数学などの教科内容、指導方針、進度、宿題の出し方などについて自由に議論を始めた。形式ばったところのない、単刀直入の議論は、日本のＰＴＡの実情からすれば信じられないことである。とくに問題となったのは、ある英語教師の指導力不足の問題であり、彼がしばしば休講し、進度に支障が出ているという問題であった。さきほど「教師と親との共同決定」ということを紹介したが、この方針がまさにここに現れている。日本であるならば、親たちはこのように教師の状況をいとも簡単に批判したりはしない。もしそうすれば、教師はもちろん、他の親たちからも悪感情をもたれるだろう。批判するほうもある意味で、決死の覚悟にならざるをえないだろう。

担当の教師もそうした批判を冷静に受けとめ、「それでは、その批判をもちかえって報告・検討したい」とまとめた。後日談であるが、この問題とされた教師はその後授業を担当しなくなった。休職したとも転職したとも噂されている。

III 「オーストリア哲学」の可能性

［第六章］なぜ、いま「オーストリア哲学」なのか？
――もうひとつの「ドイツ哲学」の発見

私は以下の章において、「オーストリア哲学」の独自性はいかに、という問題を扱う。そのとき、Iで考察したオーストリアとウィーンの歴史と文化の問題が大きな役割を果たす。この歴史的背景の洞察なしでは、「オーストリア哲学」の独自性という問題そのものが消失する。そしてその学術的中心地は、ウィーン大学である。

ウィーン大学とシュリックの暗殺

ウィーン大学の正面玄関をはいると、右側と左側に通路が分かれ、それぞれ階段を登り、二階へ向かうこととなる。もちろんそこからまっすぐ進み、中庭へ出ることもできる。中庭に面した回廊には、ウィーン大学に貢献した、じつにおびただしい研究者の彫像やレリーフが並んでおり、印象深い。著名なひとに限っても、ちょっと見て歩くとすぐにぶつかる。

たとえば、経済学者カール・メンガーや法学者ハンス・ケルゼン。また、量子力学の分野で貢献したエルヴィン・シュレディンガー。その影像の下部にはあの波動方程式が刻まれている。そしてチェコスロヴァキアの哲人大統領トマス・マサリク。さらに精神分析の創始者ジグムント・フロイトなど。マルクス主義経済学に関心をもつ者ならば、オイゲン・ベーム＝バヴェルクのレリーフの前で足をとめることだろう。哲学研究者としては、フランツ・ブレンターノの古代風の影像を発見するに違いない。過去においてこの大学がいかに偉大な知性を輩出したかがよくわかる。そしてハプスブルク帝国の精神的・知的栄光のかなりの部分を、この大学が支えたことだろう。

ウィーン大学

この本館では哲学は入門用の講義のみがおこなわれているが、それでも私は、いくつかの哲学講義を聴講するために、しばしばこの正面玄関から左右の階段をかけ登ったものである。ところで右手の階段を登っていくと、踊り場に金文字で刻まれた部分が存在する。それと気づかなければ、うっかり踏んで通りすぎてしまうところである。じつは私自身、この場所をそうと知らず、通りすぎていた。その箇所は論理実証主義というモダンな哲学を唱えたウィーン学団の指導者モーリッツ・シュリックの暗殺現場を示しているものだ。いや過去の記念といえば、正面玄関からはいったところのフロアの奥に横たわっている、若者の巨大な顔だけの彫像のことをまずあげるべきだった。これは戦争で亡くなった学生たちを悼んで創られたものである。

過去の歴史はつねに記憶され、想起されなければ忘れられる。歴史は記憶とともにある。記憶なしには歴史はない。このウィーン大学だけではなく、ウィーン市内に存在するおびただしい記念碑や彫像は、歴史を現在にもたらすための手段である。過去を正当に評価できなければ、現在にも未来にも

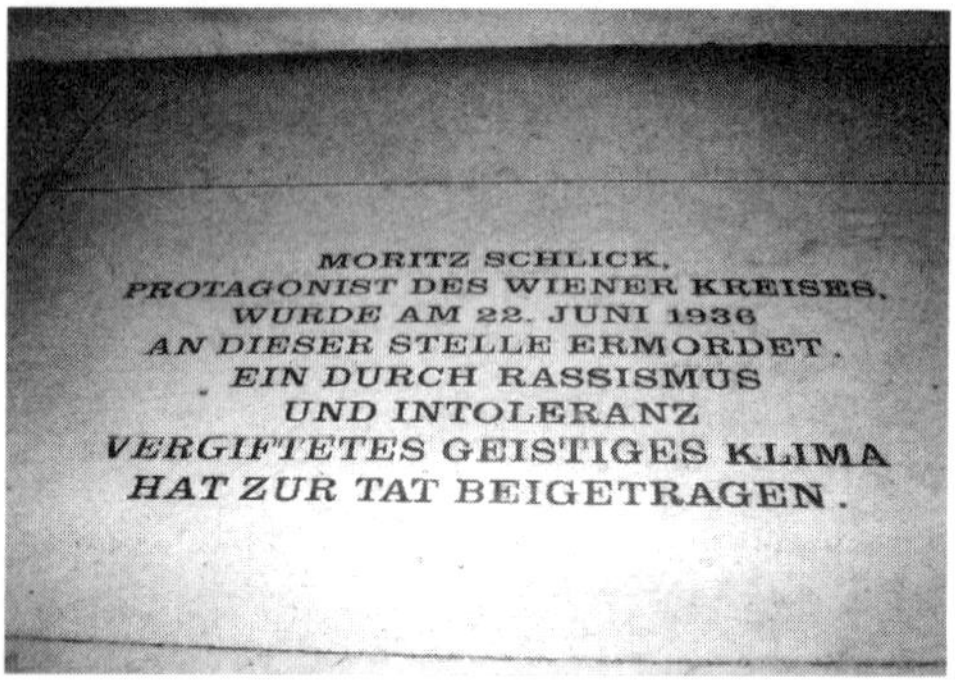

上：殺害現場「哲学者が撃たれる」
下：床に刻まれた文字

盲目となり、ひたすら無反省につっぱしるだけだろう。あるいはつぎつぎと降りきたる現状を追認するだけにとどまる。

さてシュリックのことにもどろう。その踊り場の床にはこう刻んである。

「ウィーン学団の主唱者モーリッツ・シュリックは一九三六年六月二二日、この場にて殺害された。人種差別と不寛容によって毒された精神的風土が犯行に加担した」

シュリックがなぜ暗殺されたのか。じつはその点にかんする資料を集めれば集めるほど、はっきりしなくなる。長期間アメリカで教鞭をとっていたウィーン大学の名誉教授クルト・フィッシャーはそのようにいう。しかしそこには、この国の抱えてきた運命的な歴史がある。このことだけは明らかだ。

当日、哲学教授シュリックが物理学の哲学という講義のために階段を登っていったとき、彼はもと学生のヨハン・ネルベックの凶弾に倒れる。ネルベックは倫理学の学位論文をシュリックによって落とされたのだという。だがこの事実だけでは、暗殺の動機としては弱い。彼はじつはそれ以前に精神病で二度も入院しており、シュリックにたいしても殺人の脅迫をくり返していた。シュリックもその件で警察に身柄の保護を要請していたが、受け入れられなかったという。それに反ユダヤ主義という政治的要因も加わる。当時、ユダヤ人差別を目的としたリストがキリスト教民主主義者とドイツ民族主義者の教授たちによって作られたが、そのなかにはついでに左翼教授や自由主義的な教授の名前も加えられた。シュリックの名前はこちらのほうに属していた。だがモーリッツという名前はいささかユダヤ的に響いたのかもしれない。ファシストのなかにはこの暗殺に快哉を叫んだ者もいたという。

いずれにしても犯行の真の原因は、いまとなっては藪の中である（フィッシャー『ウィーンからの哲学』S. 150以下など参照）。

精神の病いと反ユダヤ主義と強制された死と——こうした世紀末的状況にあって、健全な自由主義的精神が挫折してしまった…。このようにシュリックの事件を解釈するのは、うがちすぎだろうか。しかし実際、もっともモダンで合理的かつ自由主義的なこのウィーン学団の運動はナチスの台頭のなかで頓挫し、メンバーはアメリカ、イギリスなど世界中に散らばることとなった。ちなみにシュリックの血統は、レアルギムナジウムの卒業資格のなかで書かれてあるように、プロテスタントであり、ユダヤとは無関係だった（同上S. 151）。

私は以下、オーストリア哲学やさらにその文化に属するひとびとを紹介的に取り上げ、オーストリアの哲学・思想の独自性や現代的意義について読者の注意を喚起したいと思う。

そのさいの私の問題意識は以下のとおりである。オーストリアの哲学・思想というとき、それが同じドイツ語で書かれているという理由で、いわゆるドイツ哲学のなかにふくめて考えられることが多い。そうすると、「オーストリア哲学」などという呼称はほとんど意味をなさない。ところで、旧ハプスブルクの版図出身の哲学者・思想家に注目するとき、そこにじつにおびただしい群像が生ずる。そこで、「オーストリア『出身』の哲学者」というカテゴリーができあがる。しかしその出自がたまたまそうであったというのならば、話はそれで終わりである。だが私の意図はさらに進む。さらに問題は、もしオーストリア「出身」の哲学者・思想家が多数存在するならば、それはどうしてなのか、ということである(「出身」ということに、このさい、他国出身であるとしても、オーストリアで活躍したということをふくめるとして)。さらにそこから、カントの超越論哲学やヘーゲルを頂点とするドイツ観念論、さらにハイデッガーらのいわゆるドイツ哲学とは異なった、ある意味でそれと対抗するような「オーストリア哲学」というカテゴリーが成立するのだろうか、という問題が生ずる。

私はこの点で、ルドルフ・ハラー(グラーツ大学)やクルト・フィッシャー(ウィーン大学)、ペーター・カムピッツ(ウィーン大学)らに学んだのである。

「オーストリア哲学」の祖――フランツ・ブレンターノ

シュリックはベルリン出身であり、ベルリン大学でマックス・プランクについて物理学を学ぶ。彼は数学者ハンス・ハーンの要請で一九二二年、ウィーン大学へと転じた。彼が主導したウィーン学団ないし論理実証主義の立場は、それ以後「分析哲学」「新実証主義」または「科学哲学」などと呼びならわされて、現代哲学の大きな潮流となった。もちろんオーストリア哲学の全体を、言語哲学の領域にかぎっても、この分析哲学の傾向とまったく同一視することはできない。それに属さない言語や対話の哲学が存在するからだ。だがそれでも、オーストリア哲学のもっとも大きな要素を、言語分析、言語批判の傾向などとともに、この論理実証主義ないし分析哲学がしめるだろう。いまここで、とにかくオーストリア(ハプスブルク領)の哲学にだれが属したのかを紹介してみよう。その範囲の広大さに認識をあらたにするはずである。

ずっと過去をさかのぼると、マルクス・アウレリウス、ニコラウス・クザーヌス、ライプニッツらがオーストリア哲学の形成に関与していた。彼らはいずれもウィーンないしオーストリアにかかわりのある哲学者たちである。ローマの哲人皇帝マルクス・アウレリウスはここウィーン（ウィンドボナ）にまで遠征し、この地で没した。一四五二年からの八年間をオーストリアの地ですごしたクザーヌスは、「カトリックの和合」を説いた。ライプニッツは計三回ウィーンの宮廷を訪れ、バロック的な大いなる調和を構想した。このようにカムピッツは指摘する（『仮象と現実のはざまで』、「マルクス・アウレリウス」「ニコラウス・クザーヌス」「ライプニッツ」の章をそれぞれ参照）。

だがそこまでさかのぼらなくても、一九世紀におけるフランツ・ブレンターノの存在がオーストリア哲学の形成にかかわる意味は大きい。カムピッツは彼を「オーストリア的な哲学の始祖」（同上一一五頁）とみなし、ここに直接オーストリア哲学の誕生を見る。それは単に彼の学説がそうであるのみでなく、この偉大な教師のもとから影響力の大きい哲学者や思想家がつぎつぎと巣立っていったからである。彼はライン河畔のボッパルト近郊で生まれ、ヴュルツブルク大学ではじめて教壇に立つ。そののち一八七四年から二一年の長きにわたりウィーン大学で哲学を講ずる。またイギリスにも旅行し、J・S・ミルとも文通をする。彼はイギリス経験論の影響を受けるのである。ところで、彼はカトリックの司祭であったし、教会とは衝突しながらも、長いあいだそのもとにとどまった。そしてそれにふさわしい学説を唱えた。彼はなんといってもアリストテレス・スコラ哲学を復興し、いわゆるドイツ観念論の思弁哲学に敵対した。そして彼は、カント的な超越論的方法に反対して、心的現象の観察・記述を主とする経験論に立ち、言語の正確な使用を説いた。私的なエピソードとしては、イーダ・フォン・リーベンとの結婚の事件がある。かつて僧職にあったブレンターノは法律的に結婚ができなかった。これに憤り、彼はオーストリアの市民権を捨て、ライプチヒにおいて結婚を敢行する（小倉『ブレンターノ』の第一章一節「人と作品」を参照のこと）。

ところで、ブレンターノは論争的なひとであり、カントをはじめ、いわゆるドイツ哲学に鋭い批判を加える。

「もっとも冒険的な体系がフィヒテ、シェリング、ヘーゲルをとおして公衆に供され、喝采をもって迎えられる。ヘルバルトがそのときこれらへの批判をおこない、ショーペンハウアーは彼らに罵詈雑言を浴びせる。しかしながら、一方のヘルバルトも他方のショーペンハウアーも、カントそれ自身のなかに存在する災いの芽を認識していない以上、彼らは、とくにショーペンハウアーは、本来の改善策をかわりに置くことはできない。実際、哲学的不協和に慣れてしまった感情は、しまいにはニーチェのような身の毛もよだつ不条理を喜んで受け取る。ひとはもはや哲学的な領域で光明や真理を求めることを考えず、思いもかけない新奇なものを通じてのおしゃべりだけを求めることを考えている。アプリオリな総合判断の樹木になった成果において、その樹木はあるがままの姿以上に十分に認識される

ブレンターノ

のである」(『認識論試論』S. 41)

これはいわば、いわゆるドイツ哲学の総批判である。カント、フィヒテ、シェリング、ヘーゲルのみならず、その敵対者であるはずのショーペンハウアーやニーチェもなぎ倒されている。とくにカントにたいする批判は猛烈かつ執拗であって、ドイツ哲学の過ちの根源はカントであるという。ニーチェ哲学の出現も、カント哲学という樹木の「成果」であるというほどだ。ここで議論を先取りすると、ニーチェやショーペンハウアーの受容はむしろのちほどオーストリア哲学の重要な要素となるので、オーストリア哲学の共通性という点で、ここにかならずしも整合性があるわけではない。それはともかく、カント哲学はブレンターノによると、「偏見の哲学」であり、彼の立てた「分析判断」と「総合判断」の区別も曖昧である。分析判断も科学的には単なる概念的説明以上の新しい知識を与える。

たしかにカントの区別したこの両判断は、心理的でもあり、いまではそのままで受容はされてはいない。さらに、カントがあげた定言的、仮言的、選言的の三つの判断のうち、彼が第一の判断しか配慮しなかったのもおかしいとされる。たしかに数学や数学的論理学で多用される判断は、p⊃q(pならばq)という仮言的な推理の判断であるといえる。ブレンターノによれば、とくにおかしいのは、例のカントの「アプリオリな総合判断」という考えであるが、これは通常のことば使いからすれば、「認識」などではなくて、「盲目的判断」と名づけられるだろう(同上 S. 6 ff.)。

これはもう、罵詈雑言のたぐいの非難である。だがたしかに、上記の曖昧な分析判断と総合判断の区別にもとづく「アプリオリな総合判断」という構想は、さらにまた曖昧な面をふくむといってよい。

いまここで、カントが『純粋理性批判』の「緒言」で説明したこの両判断についておさらいをしておこう(B版S. 10 ff.)。

「分析判断」とは主語Aを単に分析してそのなかに潜在的にふくまれていた内容を取り出して、述語Bと規定し、それから「AはBである」と述べる判断である。カントは「物体はすべて広がり(延長)をもつ(ものである)」をその例としてあげる。その理由として、心理主義的に、「広がり」という述語を見いだすためには、その物体概念のなかにじつは「広がり」という性質があることを意識にのぼらせればいい、ということがいわれる。

これにたいして、「総合判断」とは、主語概念のなかにまったく想定されていない性質を経験などの第三者をつうじて獲得し、「AはBである」と述べるものである。カントはその例として、「物体はすべて重さをもつ」という判断をあげる。カントによれば、「重さ」という性質は物体概念のなかにはふくまれておらず、偶然な仕方で外から付加されたのだという。だが現代科学からみても、こうした物体概念そのものがあいまいで、当時の考えに制約されており、心理的な説明にしかなっていないのは明らかではないか。分析判断と総合判断の区別は絶対的ではない。この点では、ブレンターノの批判のほうが当たっているといえるだろう。

こうしてブレンターノの舌鋒はじつに鋭く正確である。こうした分析的で、ことばと概念の厳密な使用を求める反カント的な態度はオーストリアでは特徴的といえるだろう。私はここに、水と油のような思考法の相違を思わず感じてしまう。それは以前、私がヘーゲルらの弁証法を研究したのち、形式論理学、とくに数学的論理学を集中的にやったときに感じたのと同じ経験である。いずれにしても、朦朧とした形而上学的駄弁を排し、本当に存在するものを正確に記述すること——こうした「事物主義(Reismus)」がとくに彼の後期の立場だった。

ブレンターノ以後

さて、ブレンターノの弟子ないし聴講者といえば、ラッセルにも影響を与えるアレクシウス・マイノング、ゲシュタルト心理学の創始者クリスティアン・フォン・エーレンフェルス、のちにポーランド学派を創設するカジミール・トワルドフスキー、哲人大統領トマス・マサリク、さらにフロイトすらもそのひとりだった。じつは彼は、師ブレンターノの紹介で、J・S・ミル全集の第一二巻をドイツ語に翻訳している。現象学の創始者エドムント・フッサールもまた、師ブレンターノの薫陶を受け、マイノングの影響もあり、意識の志向性の理論を磨いていった。彼はブレンターノの講義を聞いて感激し、哲学を一生の仕事とするという勇気を与えられたという(小倉、前掲書二八頁参照)。

ところで、オーストリア哲学のなかで現時点でもっとも著名な人物といえば、ルートヴィッヒ・ウィトゲンシュタインだろう。論理実証主義者とは交流がありつつも、彼らに批判的でもあったウィトゲンシュタインもまた、言語批判や反形而上学という点で十分オーストリア的である(第八章で詳述する)。そしてウィトゲンシュタインの周囲には、言語批判の哲学者としてフリッツ・マウトナー、形而上学の破壊者リヒアルト・ヴァーレがいる。いやそれよりも前に、科学哲学者エルンスト・マッハの名前をあげるべきだった。ウィーン学団は一九二八年に「エルンスト・マッハ協会」という啓蒙的な哲学組織を創設したほどである。当時の哲学者・文学者にたいするマッハの影響は甚大であった。そして彼の影響を受けたアドルフ・シュテールもまた独自の言語批判および形而上学批判の思想をもつ。もちろん同じく科学哲学者としては、批判的合理主義を唱え、徹底した反共産主義の立場に立ったカール・ポパーがいる。さらにまた、対話の哲学者として、マルチン・ブーバーやフェルディナンド・エーブナー（後述）があげられる。ブーバーは日本でも著名であり、この二人は対話やことばを重視するといっても宗教的であり、論理実証主義者とは一線を画する。

またさらに、ソ連型の共産主義に反対したオーストリア・マルクス主義の存在も無視できない。彼らは理論的にも実践的にも興味深い存在である。マックス・アドラー、オットー・バウアー、ヴィクトール・アドラーらである。これらの思想家は総じて、プラハ出身のカール・カウツキーを除きソ連

上：ウィトゲンシュタイン
下：エーブナー

のボルシェヴィキに対抗し、独自のマルクス主義・社会主義の考えを形成した。とくにアドラーはオーストリアでは珍しくカントに注目し、カントとマルクスの総合を企てた。

さてこのなかには、日本ではほとんどなじみのない哲学者も存在する。かの地では盛んに研究されているといっても、日本ではほとんど知られていない者も多い。ましてや「オーストリア哲学」の独自性などというテーマは、日本ではほとんど聞かれたことがない。上記の哲学者のなかでなじみのない者といえば、エーブナーもその一人だろうが、一九九八年一二月に、イタリアのトリエントで三日間にわたり「フェルディナンド・エーブナー――ことばの哲学」というテーマで研究大会が開催されている（エーブナー研究者のフランツ・シャルル氏の資料提供による）。

信仰か哲学か？――フェルディナンド・エーブナー

カトリックのキルケゴールともいわれるエーブナーは、コミュニケーションのためのことばに強く関心をもち、既成の哲学を強く批判した。彼は出身地のウィーナー・ノイシュタットをほとんど出ることもなく、文字通りオーストリアの哲学者といえるだろう。

「自我〔私 Ich〕の真実在を拒否する哲学者たちは、たしかに、人間がことばを発する存在であるという事実と、自己意識というものがまったく同一であるという事実に到達した。だがそれでも、この同一性の〔真の〕意味をとらえなかった。というのも、この同一性は、生の精神的実在のなかへことばが根ざし、確定されていることを見なかったからである。／《ことば》は光であり、ことばは、それを通じて意識（動物の生のなかでも与えられているこの事実）が人間のなかで自己意識へと照らし出されたものである。意識はこうして《意識的存在（Bewusst-Sein）》へと照らし出されたわけであるが、それは動物には阻まれている。《ことば》は自己意識を創造し、その実在性のなかで人間の精神的生を創造した。」（『ことばと精神的実在』S. 35 f.）

ここで批判されている「哲学者たち」とは、端的に「私は存在する」という立場に立ち、「自我の《自己措定（Selbstsetzung des Ichs）》」——他者の手を借りず、自分で自分を存立させる——を追求するひとたちである。彼らは百年前に存在したという。明らかにこの哲学は、デカルトに端を発し、フィヒテ、ヘーゲルらに頂点をもつドイツ観念論である。エーブナーは別の箇所で、「〔ドイツ〕観念論は本当に、人間の精神生活のなかで病気の役割だけを演ずる」（同上S. 62）と手厳しく批判する。こうした発想は、哲学を言語批判による「治療法」に見立てたウィトゲンシュタインの考えを思い出させる（『哲学的探究』第一部一三三節、五九三節など）。

また彼は、形而上学的に神などについてあれこれ思弁する哲学を断固排し、まず神の前に立ち、神に「なんじ」と呼びかける信仰を復活しようとする。

「なんじ〔神〕が〔まず〕存在し、そしてなんじを通じてわれが存在する。」（同上S. 38.）

人間のもつ自己意識というものも、われとなんじのあいだの「ことば」なしには生成しえない。こうした思想は、われとなんじの対話を説くブーバーに似ていないこともないだろう。ところで、エーブナーがもっとも憂えるのは、ひとびとのあいだで生じてきた「自我の孤立（Icheinsamkeit）」という現象であるという。デカルト以後の観念論は、対話相手である「なんじ」なしの孤立した自我の哲学である。そういわれれば、現代も依然としてこの「自我の孤立」が支配的ではないだろうか。

エーブナーの思想は神と宗教なしでは語れない。だが、彼の非妥協的でラディカルなキリスト教理解は、カムピッツによると、「反教権的」「反神学的」であり、さらに「反宗教的」ですらあるとみなされる（「言語ゲームと対話」S. 137）。いずれにしても、エーブナーによれば、人間は語りかけるべき他者をつねにもつ必要がある。狂人とは、そうした他者を正当なかたちでもっていない者のことである。「人間が精神的に病むのは、われがなんじを喪失すること（Dulosigkeit des Ichs）においてほかにはない」（『ことばと精神的実在』S. 50.）そうすると、いわゆる形而上学や観念論とは、狂人の哲学となるのだろうか……。

エーブナーの思想は、現代のコミュニケーション論やいわゆる他者論にも通ずる魅力をもっている。いずれにしても、ここでもまた、反ドイツ観念論の志向が明確にあり、コミュニケーションや対話を重視しない哲学は無意味とされる。「そこではすべての思弁、あらゆる神学的かつ形而上学的な深遠さは、それ自体として終息する」（同上 S. 186）あとで述べるように、ここにはオーストリア哲学の特徴が明確に現れている。

オーストリアの哲学からその思想・文化へ

さて、厳密な意味での哲学ではなく、それとのつながりを保ちながら、もっと広い意味での思想の領域でいえば、その範囲はさらに広がる。そしてそうした思想的広がり（広義の哲学）のなかでこそ、オーストリアの知的営みはさらに輝きを増すといえるだろう。この点では二〇世紀の現代思想に大きな影響を与えたジグムント・フロイトの存在がまず筆頭にあげられる。[1]そののちアドラー、ユング、ライヒらへと広まった精神分析というモダンな領域が開拓されたのは、まさにここウィーンである。フロイトの発見した「無意識」は、明確な意識にしたがって考え、行動する近代人の前提とする合理主義を徹底して破壊する。したがってここでは、「われ思う、ゆえにわれ有り」というデカルトの命題は妥当しない。そうした（自己）意識の透明性は、無意識やエスの想定のなかで拒否されている。フロイトはこうして、近代を超え、現代の世紀末的世界へ突入している。また、旧ハプスブルク領からの出身としては、神智学と新しい教育の提唱者ルドルフ・シュタイナーをあげてもいいだろう。私はベルヴェデーレの美術館へむかって歩いていたとき、偶然にも公園の一角に立派なシュタイナーの記念碑を発見して驚いた記憶がある。

フロイト

他にも社会科学では、法学（ハンス・ケルゼンら）、経済学（カール・メンガー、ヨーゼフ・シュンペーター、ルーヨ・ブレンターノら）がいるし、自然科学の領域ではマッハと激しく論争したルートヴィッヒ・ボルツマンがいる。こうした領域の思想的意味を探るということも無意味ではないだろう。ウィーン世紀末という興味深い問題領域との関連では、哲学・思想の問題はまた文学の世界とも、一挙につながっていく。その点では、学位論文がマッハにかんするものだったロベルト・ムージル（『マッハ理論にかんして』）、さらに同様にマッハの影響を受けたフーゴ・ホフマンスタールらが特記される。またオーストリアの文化と思想を驚くべき広がりで紹介したジョンストンは、ユダヤ人風刺作家カール・クラウスをウィトゲンシュタインの先駆者とすらみなし、「言語哲学者」の項目のなかで扱っている（『ウィーン精神』p. 203. 三〇九頁以下）

もちろん世紀末思想という点では、音楽（グスタフ・マーラー、アルノルト・シェーンベルクら）、絵画（グスタフ・クリムト、エゴン・シーレ、オスカル・ココシュカら）、建築（オットー・ワーグナー、アドルフ・ロースら）、その他ウィーン工房（コロマン・モーザー、ヨーゼフ・ホフマンら）などにおける装飾芸術、グラフィック・アートなど、じつに多様な文化・芸術が開花した。こうしたユーゲント様式（アール・ヌーヴォー）の思想的意味を、ウィーン世紀末とのかかわりで探ることも興味深い課題である（第二章、第三章ですでに述べた）。

ところで、以上の哲学者、思想家、芸術家たちはウィーンないしオーストリアで個々ばらばらに存在していたわけではない。カフェー文化、富裕なパトロンの存在などのおかげで、彼らはヘーゲル的な「三重の推理」ほどの緊密な関係ではないけれど、ウィトゲンシュタインのいう「家族的類似」ほどのゆるやかなつながりで、ハプスブルクの文化的・社会的遺産のなかで相互に関連しあい、影響を与えあっていた。この点でジャニク／トゥールミンは、言語と社会のつながりを考察するなかで、この時代のウィーンの文化的指導者たちがなんの困難もなくたがいに知り合え、異分野にもかかわらず親しい友だちどうしであったと指摘する（『ウィトゲンシュタインのウィーン』p. 92f. 一一〇頁）。

だからこそ、彼らの活動を総体的にとらえることが大事ではないだろうか。たとえば、よく指摘されるように、ユダヤの富豪ウィトゲンシュタイン家にはブラームス、マーラー、ワルターらの錚々たる音楽家が出入りしていた。そしてウィトゲンシュタインの父カールは分離派《ゼセツシオン》の芸術運動に資金援助をしていた。あの分離館はおもに彼のおかげで建てられることができた。そしてそのマーラーはフロイトの診察を受けている。さらに彼の妻アルマは画家クリムトを初恋の相手とし、マーラーと死別したのち画家ココシュカを恋人としている…。

もちろん日本でも、たとえばウィトゲンシュタイン、カール・メンガー、ムージル、クリムトらを個別的に詳細に研究する者は存在する。もちろんそうした各個人・各分野の詳細な研究は重要であるが、オーストリアの文化や歴史との関連でそれらをできるだけ総体的に考察しようという態度もまた必要だろう。これからの新しい研究が待たれるわけである。

オーストリア哲学の現代的重要性

以上の領域のなかからとくに哲学関係にしぼって考えてみても、二〇世紀現代思想に果たしたオーストリア哲学の役割の重要性が浮かび上がってくるだろう。まずはフロイトに始まる精神分析のもつ巨大な現代的意義は哲学にとっても無視はできない。それを除くとしても、さらに、二〇世紀哲学のかなりの部分がオーストリア哲学と関連をもっている。

周知のように、世界的にも、またそれを反映して日本の哲学界においても、一九七〇年代までは、現代哲学はおおむねマルクス主義・実存主義・分析哲学の三者に区別されていた。哲学界ではよく知られているように、このなかの分析哲学という新しい形態の生誕地の中心はオーストリアのウィーン学団なのである。そしてこれは、マッハの科学観、アインシュタインの相対性理論など、最新の自然科学の成果をいち早く吸収しており、もっともモダンな哲学であった。シュテークミュラーもまた、こうした論理実証主義的ないし分析哲学的傾向を現代哲学の最大の潮流として承認している。彼の著作『現代哲学の諸潮流』は、第一章（ブレンターノ）から始めて、なんとほぼその半分をこのオーストリア哲学の傾向に割いている。

そしてまたマルクス主義については、さきほど示したように、ソ連型のマルクス主義・社会主義に対抗する独自の思想がオーストリア・マルクス主義として存在していた。ソ連・東欧の社会主義が崩壊した現在、それと対抗したオーストリア・マルクス主義、しかも民族的多様性という問題をつねに抱えていたこの立場は、現在もう一度見なおされていいだろう。

以上の点は、おおむね異論がないものと思われる。ところで、オーストリア哲学の現代的重要性を指摘するのは、クルト・フィッシャーである。彼は時代をもっと現代へ近づけて、現代哲学の三つの大きな動向を、①マルクス主義、②現象学、③分析哲学ないし科学哲学とする（『ウィーンからの哲学』S. 121）。とくにこのなかで彼は、現象学については、意識とその志向性という中心問題がフランツ・ブレンターノと、フッサールにまでつながるその後継者たちによって扱われたとみなしている。また分析哲学ないし科学哲学においては、(自然)科学の成果や現代論理学、数学、言語学などが重視されてきたが、その根源は一九世紀転換期のオーストリアにおける分析的・言語哲学的傾向と、それと結合した実証主義にあるとされる。こうして、論理実証主義(より広くは分析哲学)と現象学は、その発生源を同じにするといえる。もちろんここには、現代哲学の旗手とされるウィトゲンシュタインの名前を添えるべきだろう。

そしてフィッシャーは以下のように総括する。

「…〔1〕マルクス主義、〔2〕実証主義と分析哲学、〔3〕それから現象学およびそれと結合した実存主義(それと解釈学)――二〇世紀のこの三つの偉大な哲学的な文化領域は、とくにウィーンで最重要の出発点と通過点をもっている。通過点というのは、とくにオーストリア・マルクス主義の場合であり、出発点というのは、実証主義と分析哲学、ならびにまた、ブレンターノと彼の学説の継承者たちにたいして当てはまる」(同上 S. 122.)

ついでにいえば、フィッシャーは精神分析の開始とウィーン学団の開始がともにウィーンの世紀転換期にその起源をもつことにも着目する。両思想ともに、ハプスブルクの偉大な伝統を断ち切って、まったく新しくスタートを切ろうとした。だから逆説的にいえば、ハプスブルク的伝統の古さが新しい学問や文化を生んだのだ。そして両者ともに「分析」をこととする。たしかに、精神分析は論理実証主義者や科学哲学者ポパーが拒否せざるをえない曖昧な面をもっていたとしても、その科学的基準を正当なかたちで弱めれば、精神分析は受容される可能性をもつ（同上 S. 123 以下）。

なるほど、医学部出身のフロイトもまたヤツメウナギを使い、神経生理学という自然科学的分野から出発したのであり、単なる非合理主義や神秘主義には反対していた。そこに神秘主義的傾向を積極的に許容するユングとの差異があった。またフロイトもウィーン学団とは異なったかたちではあるが、談話的な療法を受け継ぎ、精神分析のなかでことばとコミュニケーションに大きな関心を払ったといえるだろう。フロイト自身、自分の「分析治療」では、ひたすら患者と医師のあいだで「ことばの交換」がおこなわれるという（『精神分析学入門』七三頁）。またたとえば、相手にたいする言いまちがいなどのしくじり行為という現象は、彼によると、なんらかの深層心理の現れと解釈できるとされる（同上九二、一〇一頁など）。

以上のようにして、精神分析までもふくめれば、さらにオーストリア哲学・思想の現代的重要性は高まることになるだろう。そしてそのことは多分偶然に生じたのではなく、ある種の文化的・歴史的必然性にもとづいている。ジョンストン、ジャニク／トゥールミン、ショースキーらがこの問題に先鞭をつけ、それをいまフィッシャーらのオーストリア出身の哲学者たちが継承・発展させているといえるだろう。

（1）今村仁司・他『現代思想の源流』のなかでは、現代思想の源流として取り上げられたのは、マルクス、ニーチェ、フッサールの三人と並んで、まさにフロイトであった。このなかでわずかながら、「世紀末ウィーン」についても触れられている(同書、一六九頁以下)。

［第七章］

「オーストリア哲学」の独自性の探究
――「ドイツ哲学」に抗して

なぜ、いかにして「言語論的転回」はオーストリアから始まったのか？

私は前章までで、オーストリアの哲学・思想・文化の独自性に目を向けようとしてきた。さらにここでは、哲学の領域に限定し、ウィーン学団（カルナップ、シュリック）やウィトゲンシュタイン、シュテールらに即して、その形而上学や言語への批判の問題を追究し、オーストリア哲学の特質を描きたい。そのさい、世紀末の問題などその歴史的背景を探りたい。そもそもまだ日本では、同じドイツ語圏において、いわゆるドイツ哲学と区別される「オーストリア哲学」の存在というのは、ほとんど問題となっていない。私はこうした問題をここであらたに開始したい。

ところで、みずからもその影響化にあったアルフレッド・エイヤーもいうように、ウィーン学団の成立には、ヒューム、マッハらの経験主義・実証主義、アインシュタインらの科学的成果、フレーゲ、ラッセル、ウィトゲンシュタインらの科学的な数学的論理学が大きく影響した。そしてこの運動は分析哲学や新実証主義などといわれて、アメリカ、スウェーデン、イギリスなどに定着した。またイデオロギー的には、エイヤーによれば、この立場はマルクス主義と敵対するわけではなかったが、レーニンがマッハ主義をブルジョア観念論と厳しく批判した以上（レーニン『唯物論と経験批判論』参照）、共産主義体制では栄えることはなかったという（『論理実証主義』の序文）。

レーニンの批判がどの程度妥当だったかどうかは、ソ連・東欧の社会主義体制の崩壊後、再検討される必要があると思うが、いずれにしてもマルクス主義の弁証法的唯物論とマッハ的な経験批判論は、哲学的にいうと、やはりあいいれないだろう。それは別の観点からもいえることであって、なんといってもマルクス主義哲学は、ヘーゲルを頂点とするドイツ観念論の批判的継承であるであるのにたいして、マッハはオーストリア的であり、ウィーン世紀末とつながる思想であるといえる。ここにドイツ哲学とオーストリア哲学の対立が見られるだろう。

ところで、ここで私が念頭におく「オーストリア哲学」とは、歴史的にいってどういう範囲のものか。その点では、ウィーンからアメリカに移住した分析哲学者クルト・フィッシャーによれば（『ウィーンからの哲学』の序文）、とくにオーストリアのウィーン学団の運動は、フランツ・ブレンターノがウィーン大学に招かれた一八七四年に始まり、モーリッツ・シュリック暗殺の一九三六年に終わったという。さらに一九三八年、オーストリアはついにナチスに「併合《アンシュルス》」され、国家としては消滅する。併合後、ウィーン学団の著作は発禁とされ、彼らの結成したエルンスト・マッハ協会もナチスによって危険視された。もちろん、そののちもルートヴィッヒ・ウィトゲンシュタインやカール・ポパーらが活躍し、分析哲学という学派は世界的に広まるわけだけれども、私もフィッシャーの説明をここで採用したい。

さて周知のように、現代哲学の大きな特徴に、グスタフ・ベルクマンによって命名され、リチャード・ローティによって普及された「言語論的転回（linguistic turn, Wendung zur Sprache）」という現象が指摘される（『岩波哲学・思想事典』四五三頁参照）。言語学者ソシュールらの活躍もふくめ、二〇世紀はこの意味で、「言語の世紀」であったともいわれる。カントにはっきり示されたように、従来の哲学がおおむね意識や観念を原理とする哲学だったとすれば、現代哲学では言語活動がその座にすわる。意識哲学のもとで、デカルトから始まり、ロックをへて、カント、フィヒテなどにいたるドイツ観念論、さらにフッサールの現象学などが表象されるだろうが、それと対抗する言語哲学は、むしろ意識活動さえもが言語の働きに規制され、さらに言語的コミュニケーションにおける間主観性の産物とみなされる。いまや、ドイツ哲学の中心人物ユルゲン・ハーバーマスの普遍的語用論ないしコミュニケーション行為の理論の提唱を見れば明らかなように、この「言語論的転回」は、興味深いことに、いまやドイツ哲学の最重要のテーマとなっている。[1] 政治的にはオーストリアはドイツに敗北したが、哲学的には、オーストリアはここに至り、ドイツを席巻したといったらいいすぎだろうか。

フレーゲからウィトゲンシュタインへ

さて、この言語論的転回は「分析哲学の祖父」といわれる、イェーナのゴットロープ・フレーゲの論文「概念文字（概念記法 Begriffsschrift）」によって明確に始められたといえるだろう。それは、日常的な自然言語の枠組みを一度離れ、むしろ数学的な形式的方法を導入することによって可能となった（「概念文字」四五頁以下）。それによれば、「水素ガスは炭酸ガスよりも軽い」という言語表現では、「水素ガス」の箇所は「変項」と呼ばれ、「炭酸ガスよりも軽い」の部分は「関数」と呼ばれる。このさい変項には任意の表現がはいり変化するが、関数部分は不変である。これは一般に、

Φ（A）　　A＝変項　　Φ＝関数

と表記される。「水素ガスは炭酸ガスよりも軽い」という命題はまた、「AはBよりも軽い」というように一般化できる。この表現はさらに、

Ψ（A, B）　　A、B＝変項　　Ψ＝関数

と定式化できる。Φ（A）はのちほど一階の述語論理といわれ、Ψ（A, B）は関係論理といわれる。いずれにしても言語表現をこのようにできるだけ明確に記号化し、そのことによって新しい、科学的な論理学を構築することが、フレーゲの哲学の出発点である。ここでは言語分析が曖昧な日常言語の批判となり、同時にそれは論理分析として数学的論理学の構想の展開となり、さらにそれにもとづいて意味論、概念論などが形成された。

ところで私は、以上の関数的表現や数学的論理学が真理を十分なかたちで認識できる論理であるとは考えない。厳密さを旨とするこうした形式主義的アプローチには限界があるだろう。論理学としては、そのほかに内容的な弁証法的論理学がある。だが他方、この弁証法的哲学は、曖昧さをまぬかれ

ず、ヘーゲルなどにおいて、哲学的な誇大妄想に陥ってしまった…。だがいまは、こうした確執には深入りしない。

こうしたフレーゲの構想は、ラッセル／ホワイトヘッドの記念碑的著作『プリンキピア・マテマティカ』によって体系化され、若きウィトゲンシュタインにも大きな影響を与えた。周知のように、ウィトゲンシュタインは命題関数、トートロジー、写像の理論などによって、論理学の構想を革新したが、とくに言語については、明快に「あらゆる哲学は『言語批判（Sprachkritik）』である」（『論理哲学論考』4. 0031）と宣言した。「あらゆる哲学の目的は思想の論理的解明（logische Klärung）である。／哲学は教説ではなく、ひとつの活動である。（中略）哲学はそのままではいわば濁っていて、輪郭のはっきりしない思想を清澄にし（klar machen）、はっきりと限界づけるべきである。」（4. 112）

明らかなように、ウィトゲンシュタインは従来の哲学、とくに形而上学が言語の使用を曖昧にし、十分に検討しなかったためににっちもさっちも行かなくなったと考えた。後期にいたっても彼は、「哲学とは、言語によってわれわれの知性が呪縛されていることにたいする闘いである」（『哲学的探究』第一部一〇九節）と宣言して、言語批判を続行している。深遠に思えた従来の哲学的・形而上学的問題は、じつはそこで使われることばの使用法が誤っており、それに人間の知性が振り回されたために生じてきた。だからここで、従来の言語のありかたが批判され、それにかわる新しい言語と論理学が構築されなければならない。そしてその地点から、従来の哲学を批判し、さらに人間の知識を科学的に構築する必要がある。ところで、ウィーン学団の過激な「統一科学」の構想は、こうして科学的言語と論理によって、数学や物理学をはじめ、合理的な人間の知識を精密な論理展開によって導出し、積み上げようとするものだった。周知のように、この最新の試みは、クルト・ゲーデルの不完全性定理(自然数をふくむ述語論理学では、もしその公理系が無矛盾であるならば、いかなる場合にもこの体系内で証明できないが、しかも真なる命題が依然として存在する)の発見によって挫折する。だがそれでも現在、こうした論理的構想が数学や物理学、さらにコンピュータ科学の理論的基礎となっていることに疑いはない。

カルナップの言語分析と形而上学批判

以上の言語批判の構想を継承して、ウィーン学団のルドルフ・カルナップは果敢に従来の形而上学を批判した。その標的はとくにハイデッガーであり、またデカルト、ヘーゲルである。すでにこうした批判は日本でもよく知られてはいる。だが、私は彼の形而上学批判の特質を明らかにするために、必要なかぎりでそれを紹介しよう。

カルナップ

カルナップは従来の「伝統的論理学」を、現在の数学の基礎づけや科学・技術の発展への要求を満たすことのできない「古い論理学」として批判し、そのかわりに「新しい論理学」としての記号論理学ないし数学的論理学を称揚した。この点で彼は、『論考』におけるウィトゲンシュタインと軌を一にする。同時にこの試みは、「形而上学の排除」を目的とする。カルナップによれば、形而上学とは、なにか超越的なるもの、経験の彼方に横たわるとされる「物自体」「無規定者」「絶対者」を対象とするものである。だがその形而上学的推論にはどこか飛躍があり、それら形而上学のことばはじつは無意味なものである（以上、論文「古い論理学と新しい論理学」を参照）。

さらにカルナップは、「言語の論理的分析による形而上学の除去」という論文で、詳細に形而上学批判を遂行する。

「論理分析は形而上学の断言された陳述が偽―陳述（pseudo-statements）であることを明らかにする。このことが私たちのテーゼである」（p. 61）その詳細は省くが、とくに彼は、文法的には正当でも、「論理的構文論（logical syntax）」からすると、誤っている命題を指摘する。たとえば、Caesar is a prime number.（カエサルは素数である）という命題は、文法的には正しいが、論理的構文論としては誤りである。そしてここで、ハイデガー『形而上学とはなにか』が批判される（p. 69 ff.）。There is nothing.（なにも存在しない）という表現は文法的にも、論理的にも正しい。だがこのとき、この「無」は主語や目的語として実体化されることができない。What about this Nothing? We seek the Nothing. We know the Nothing. などと表現することは論理学的に誤りである。それなのにハイデガーは、この「無」をなにか積極的に存在するものとして実体化してしまっている。そこにはそうしたことば遊びを可能にするドイツ語の悪用がある。それどころか彼は、「無はおのずから無化する（The Nothing itself nothings.)」というような珍妙な表現を使う。

カルナップはヘーゲルにはすこししか批判を加えないが、ヘーゲルの言語表現「純粋存在と純粋無はだから、同一である」を取り上げ、彼がハイデガーと同一の誤りを犯しているという(p. 73)。さらに時代をさかのぼると、デカルトの有名な命題、I think, therefore I am.(われ思う、ゆえにわれ有り)も誤りをふくんでいる。まずI am. のamが述語的に(存在を示すものとして)使用されている。しかしI am a European. からI exist. は導けない。だから同様に、I think. からI am. は導けない。

以上の言語分析とそれにもとづく批判がきわめて明快で鋭利であることは疑いない。この一歩一歩進む厳密な批判は、その前提を承認してしまえば、あとはその結論を受け入れざるをえない。そこでは、ことばの曖昧さとごまかしが厳密に排除されている。以上の批判が一種合理的で、ヒューマニズムにもとづく批判であることは明白である。ここにナチスに排除されるという意味の、ウィーン学団の進歩的側面が見られる。それは言語批判をつうじての一種の「啓蒙」の立場であり、こうした先鋭な言語分析にしたがえば、ひとは「絶対者」や「物自体」というような、なにかおどろおどろしい言語的考案物にひざまずく必要はない。フィヒテ、ヘーゲルらの提唱した「民族《フォルク》」や「精神《ガイスト》」などの大仰なことばにも辟易する必要はない。それもじつは、なにか実体をもつものではなく、人間がことばで捏造したものである…。こうして彼は、従来の難解で重苦しい形而上学にたいし明快な批判をおこなった。こうしたところに、プロイセンのドイツ民族の興隆を背景としたドイツ哲学と、それに反発するオーストリア哲学との対比がまず見られるだろう。

だがこうまとめてしまうと、不満の残る読者もいるだろう。それでは、ハイデガーは一体なにをいおうとしたのかと。

ハイデガー『形而上学とはなにか?』

ハイデガーは『形而上学とはなにか?』という著作のなかの「講義」という部分で、「無にたいする問いの究明」(S. 8. 四〇頁)をおこなっている。彼によると、一般に学問は、その「無」というものを存在しないものとして放棄する。しかし「無」は存在するものの総体的な否認であり、漠然とした不安のなかではじめて「無」は顕示されるという(S. 13. 四〇頁)。不安の気分はけっして「無」を対象として把握はしないが、「無」は不安のなかで、存在するものと一緒に生じてくる。さらにそこから、ハイデガーは「無はおのずから無化する(Das Nichts selbst nichtet.)」(S. 15. 五二頁)という命題を引き出してくる。それはおおむね以下のとおりである。

そもそも不安とは、なにかからのあとずさりの現象だが、それは「無」に由来する。「無」は本質的に拒否的であって、全体としての存在するものを拒否しつつ指示するなかで、「無」は現存在(人間のことと解することができる)のまわりに迫り来る。だが、「無」の本質は「無化(Nichtung)」することである(S. 15. 五二頁)。ハイデガーは、「無の根源的顕示性(ursprüngliche Offenbarkeit des Nichts)」なしには、自己の存在も自由もないという(S. 16. 五四頁)。「無」とは、人間的現存在にとって、存在するものがそのものとして顕れることを可能とするものだといわれる…。

ハイデガーは以上でもって、「無」にたいする答えは得られたと断言する。本当にそうだろうか。いやたしかに、ハイデガーはここでなにか深いことをいっている。それにはとてもひかれる…。そう考えるひとは、おそらくあの（犯罪が明白になる以前の）オウム真理教や教祖の麻原にもひかれるかも知れない。カルナップならば、そもそもその「無」とは言語的にいってどう明確に定義できるのか、「無はおのずから無化する」という命題は科学的・合理的にいっていかなる条件をもって成立するのか、その「意味基準」を示せというだろう。もしそれが不可能ならば、それは幽霊みたいなもので、曖昧なことばの魔術が生み出す非合理物にすぎないというだろう。たしかに「無」ないし「無はおのずから無化する」という言語表現は、その示す事態がもっと明瞭に分析され、説明されないかぎり、ひとはけむにまかれてしまうだろう。あまりにもそれは曖昧な表現である。ひとはここに、おぼろげながらハイデガーとナチズムとの関係を連想するかも知れない。

しかし他方、ハイデガーの言説にやはり依然として共感する者もいるだろう。それは科学的とはいえないが、いわばいうにいわれぬ文学的な表現として受け取ることができると。それは、底なしの深遠のなかで漂っている現代人の不安を巧みに表現しており、その不安のただなかで、ひとは「無」に出会っているのだ…。

たしかにハイデガーの主張は、漠然とながらわからぬこともない。そのかぎりで、カルナップのように、彼の言説を単純に切り捨てることはできない。だがそれは、小説や詩のように、レトリックに満ちている。「無」の実体をもっと分析し、究める必要があるだろう。その点では、「無」「無はおのずから無化する」などの曖昧な言語表現を得意気に振り回すことは許されない。そこには、形而上学的な表現を深遠なものとして押しつけようとする知識人の悪癖が見られるといえないだろうか。こうして私には、カルナップ流の分析的思考とハイデガーの形而上学的な概念詩は、ともに一面的であるように見える。

ハイデガーへの批判としては、現代フランスの社会学者ピエール・ブルデューが指摘するように、たしかにカルナップの「純論理的分析」はあまりにも単純で一面的である。ブルデューならば、マルクス主義的な政治的・社会的批判とともに、ハイデガーの純哲学的言説と並行的に解釈されうる政治的言説の意味を探ることだろう（『ハイデガーの政治的存在論』一六〇頁）。だが私は、これ以上ハイデガー批判にはかかわらない。

ところで私がいま興味深く感ずる問題は、カルナップでは一度否定された形而上学はどこへ行ってしまったのだろうか、ということである。それはまったく雲散霧消してしまったのか。私が気になるのは、論理実証主義などの運動における形而上学のゆくえである。

明らかにカルナップは反形而上学の立場に立っている。彼は形而上学を科学的認識の世界から排除するが、ここまではわかる。だが彼は形而上学にたいし、それにふさわしい位置を与える。「それら〔形而上学の偽―陳述〕は事実の記述に役立つのではなく、人生にたいする一個人の一般的態度の表現として役に立つ」（p. 78）彼によれば、形而上学はそもそも神話に由来し、人生にたいする人間の情緒的または意志的な反応である。それは人生にふりかかってくる不幸にたいする表現を与える必要性から生じてきたという。

シュテール、シュリック、ウィトゲンシュタイン

この批判はそれよりすこし前に、やはりオーストリアの言語批判の哲学者であるアドルフ・シュテールがもっと詳細におこなった形而上学批判に似ている。彼は形而上学の発生源を三つに区分するが、そのひとつは「パトゴーンの形而上学（pathogone Metaphysik）」だった（『形而上学は可能か？』S. 10 f.）。彼によると、この形而上学の目的は、人生の苦悩からの脱出であり、善と悪の闘いから生ずる、圧迫された心情をなんとか弱めたい、そこからさらに慰めと希望を得たいということであった。つまりこの形而上学は、科学的言明ではなく、人生の意味を求めることに存するといえよう。以上のことからすると、さきほど検討したハイデガーの「無」の表現もまた、人生にたいする個人的意味づけだということになるだろう。またシュテールの形而上学解釈はさきのカルナップのそれと似ているが、こうして、カルナップは表において否定した形而上学を、裏から輸入したといえないこともない。

さらに続いて、ウィーン学団の指導者モーリッツ・シュリックの批判を見よう。彼はとくにウィトゲンシュタイン『論理哲学論考』に結晶する数学的論理学の構想に新哲学の転回点を見いだす。そして彼は科学と哲学を峻別する。科学とは、カルナップの考えと同様に、真なる認識の体系であるが、哲学はこの意味での陳述の体系ではない。

「現代の偉大な転回点は、われわれが哲学のなかに認識の体系を見るのではなく、行動の体系を見る

ということにある。哲学とは、それを通じて陳述の意味が明らかにされ、決定される活動性である」（「哲学の転回点」p. 56）だから哲学つまり形而上学は、科学的な陳述にさらに意味づけをするのであり、だが科学の領分へと踏み出したら、それは形而上学の越権行為となる。だがそれにしても、シュリックによって、形而上学的な意味での「偉大な探究者は、つねに一個の哲学者である」（p. 58）とも評価される。ここでは一見して、形而上学の位置づけがカルナップよりも高くなっているようである。

以上のようにして、オーストリアの哲学者たちが言語分析・言語批判を通じて形而上学批判を遂行したことは明らかである。しかし一度批判された形而上学はまったく無意味となるのではない。そこでは論者によって軽重があるものの、形而上学的なものはふたたび（批判的に）位置づけられる。正確にいうと、（体系的な）学としての形而上学は排斥されるが、人間精神が求めてやまない形而上的なもの（人生の意味など）の探究は容認されるのである。ここに私は世紀末に生じた論理実証主義運動の裏の側面を見るのであり、ここにまたなんらかのオーストリア的なものを洞察したいと思う。

つまりここに、近代合理主義や啓蒙と同様の問題が生じているのではないか。この立場は、伝統的な無知蒙昧に理性の光をあて、科学的な批判を加えた。「幽霊の正体見たり、枯尾花」である。だがあまりにも狭隘な合理主義は、その裏口から形而上学的なものを密輸入しなければやっていけない。というのも、そうした科学主義や合理主義だけでは、人生全体の意味をとらえられないからだ。

この点では、ウィトゲンシュタインの態度も、その大枠では変わらないだろう。

彼は『論理哲学論考』で、「自然科学の命題」のみが科学的な意味で積極的に語りうると注意しつつ

(6.53)、すべての科学的な問いに答えが与えられたとしても、「われわれの生の問題」は依然として手つかずの状況であると感ずるという(6.52)。ウィトゲンシュタインが勧める「沈黙」はこのレベルで妥当する(7)。他面彼は、さらに積極的に、善い生とは永遠の相のもとに見られた世界のことであると述べたり(一九一六年一〇月七日)、自殺についてそれが基本的な罪であると主張する(一九一七年一月一〇日)。面白いことに、ここにはウィトゲンシュタインの倫理的言明がある(以上「草稿一九一四―一六」)。

こうして彼もまた、倫理的なものや美的なもの、人生の意味などの形而上的な問題をぬきさしならない重要な課題とした。だがそれは学問として科学的に成立するのではなく、人生における行動のなかにある。この点はトゥールミン/ジャニクのウィトゲンシュタイン解釈が強調するところであり、「よきひとにとっては、倫理学とは生きかたであって、命題の体系ではない」(『ウィトゲンシュタインのウィーン』p. 198. 二三七頁)こうした考えはシュリックのさきほどの形而上学評価(哲学=行動)とほとんど変わらないだろう。さきほどのシュテールはもっとシニカルだけれど、彼もまた形而上学が正しい意味での認識ではなく、「活動」および「心情の運動」をとおして生成してくるものだと考えた(『形而上学は可能か?』S. 12)。こうして、オーストリアの哲学者たちに形而上学についての問題をめぐって大きな共通性が見られる。これは当時の世紀末状況と関連させて考えることができるだろう。つまり世紀末とは、一方における科学・技術や合理主義の隆盛、他方における、その反動としての超経験的なもの、非合理的なものへの希求の状況である。ウィトゲンシュタインの『論考』は、その補完状況を徹底して煮詰めたものといえないだろうか。通例日本でも、論理実証主義者とウィトゲンシュタインの峻別が強調されてきた。もちろんこれにはそれ以前の偏見（論理実証主義者とウィトゲンシュタインの曖昧な同一視）への批判がこめられてはいる。しかしさらに幅広く考えると、ウィーン世紀末という情勢のなかにあって、カルナップ、シュリック、ウィトゲンシュタイン、シュテールらの哲学に広く通底する思想が姿を現すのではないだろうか。もちろん彼らの哲学には相互におおいに異なる点があるということを前提としての話であるけれども、あらためてウィーン世紀末という根本状況のなかで彼らの哲学的・思想的な営みをもう一度俯瞰する必要を私は感ずるのである。

ところで、この点で興味深いのは、論理実証主義を広めたとされるエイヤーの形而上学批判である。シュリックに勧められ、彼はウィーン学団にも加入している。彼は形而上学を徹底して批判はするが、どういうわけか、その再定位は見られない。形而上学は打ち捨てられたままである（『言語・真理・論理』の第一章「形而上学の除去」を参照）。いうまでもなく、彼はオックスフォード大学出身であり、ウィーン世紀末の空気を呼吸してきたわけではない。ここに私はイギリス哲学とオーストリア哲学の差異を見たいと思うのだが、いかがだろうか。

分析哲学的アプローチの問題点

ところで、ウィーン学団やウィトゲンシュタイン、シュテールらにおいてなぜとくに言語が問題とされたのか。それだけでなく、当時のオーストリアの哲学者マルチン・ブーバーやフェルディナンド・エーブナーにおいてもことばと対話が重視されている。ウィーンを中心としたオーストリアにおいてこのような学問傾向が豊かに生じたということは、はたしてまったく偶然のできごとなのだろうか。そもそも考えてみれば、哲学的問題を考えるのに言語に着目しなければならない絶対的必然性は存在しない。この点ではワルター・シュルツは鋭くも、哲学にたいし言語そのものが絶対的尺度を与えるわけではないと喝破している（『変貌した世界の哲学』四七頁）。哲学的真理が言語分析のなかにしか現れないと断言されるとすれば、それは行きすぎた主張となるだろう。哲学的には、言語批判・言語分析は哲学的に考えるためのひとつの方法にすぎない。誤解のないように急いで付け加えたいが、もちろんいままでは、「言語論的転回」は哲学的問題の解明のために大きな有効性を発揮している。しかしそれは、歴史のなかで言語に注目がなされたという事実があってはじめて可能となったことがらである。

この問題を解くにあたっては、やはり当時のウィーン世紀末の社会的・文化的状況やハプスブルク的伝統を踏まえる必要があるだろう。とくに日本などにおいて、従来の分析哲学系統の研究者がほとんど提起しないのはこの種の問題ではないだろうか。その点で私には、すくなくとも以下の歴史的背景があったと思われる。

ハプスブルク帝国はユダヤ人をふくめ、一二の多民族からなっており、そこで使用される言語も統一的でなく、そこではつねに言語問題が生じていた。とくにベーメンなどの地方ではチェコ人の増加にともない「言語令」が出され、公用語をドイツ語以外にチェコ語を採用するなどの決定があった。つまり世界を写し、また、ひとびととコミュニケーションするさいに自分が使う言語が、そのまま素朴に対象と一対一の対応をしているわけではない。そこではおのずと言語が意識化されてしまい、ことばと世界との乖離が生ずる。したがって、言語に重点がおかれ、言語批判や言語分析が盛んとなる。なぜ言語が当時のオーストリアで問題とされたのかは、歴史的関心なしには生まれてこない問題である。ところが総じて、論理実証主義を唱えるウィーン学団の立場は歴史意識を欠如していた。というか彼らは、形而上学批判に明示されるように、過去の歴史と文化からの断絶をはかろうとした。だが、その非歴史的態度がそのあとも踏襲されていいわけでは毛頭ない。この点では、ブライアン・マギーはケンブリッジ大学の言語哲学者バーナード・ウィリアムズを前にして、従来の論理実証主義や分析哲学が過去の哲学者を扱うさい、彼らをあたかも現代の哲学者と同じように非歴史的に批判し、彼らが生きていた歴史的背景にそって内在的に検討しないという内容のことを述べている。ここに見られる「歴史感覚の欠如(a lack of historical sense)」(『哲学の現在』p. 145. 一六八頁)という問題は興味深い。

イギリスのマイケル・ダメットの『分析哲学の起源』という著作ですら、そうした歴史意識は浅いものにとどまっている。だが彼は、興味深いことに、分析哲学の起源を、英米系の哲学にではなく、ブレンターノの存在をふくめ、「英墺系の」哲学に求めるべきだと主張する(序、および二頁)。これはまさしく正当な主張で、私はそうした主張をこの論文で展開しているわけである。ただしダメットはまだ自説を具体的に述べてはいない。さらに彼は、この分析哲学のルーツがじつはフッサールらの現象学の起源と同根であり、それは中欧の広大なドイツ語文化圏に属すると断定する(同上二頁)。けれども、そう指摘されても、私たちはもう驚く必要はないだろう。すでに述べたように、フッサールはあのブレンターノの弟子なのだから。

さて、「歴史感覚の欠如」という点では、さきほどのカルナップのデカルト批判などが好例である。彼は哲学史的脈絡ぬきに、いきなりデカルトを批判する。もっとも現段階の分析哲学は、さらに柔軟に「新科学哲学」などと称されて歴史意識を取り入れており、単なる言語分析や論理分析、さらにそれにもとづく体系構築をやっているだけではない(この点では、野家『科学の解釈学』一二頁以下を参照)。ほかならぬジャニク/トゥールミン『ウィトゲンシュタインのウィーン』それ自体が、ハプスブルク帝国の歴史的・文化的コンテキストを重視して、新しい探究スタイルを切り開いたのである。しかしこの傾向が、日本の分析哲学の学派で自明視されているとはいえないだろう。

ところで、この問題に焦点を当てているのは、やはりオーストリアの哲学者であるクルト・フィッシャーの論文「分析哲学における歴史意識」である。彼は哲学史的素材を前にして、それにたいする論理的・体系的説明のほかに「発生的説明(genetische Erklärung)」(『ウィーンからの哲学』S. 39)もまた必要だと述べる。彼はまた、ショースキー『世紀末ウィーン』を援用して、哲学の世界は当時の他の分野(建築、音楽、科学など)と並んで、過去からの断絶の志向が強かったという。もともと自然科学者は古い文献などに関心をもたず、ごく最近の文献だけを読み、ひたすら目の前の対象を観察し、そのデータについて考える。また、フロイトの精神分析やクリムトらの分離派の運動にも過去からの断絶が意識的に見られる。マーラー、シェーンベルクらの現代音楽にしてもそうである。論理実証主義の運動もその例にもれず、そこに哲学世界でもっともモダンな哲学が生まれたのである。しかし、とフィッシャーはいう。

「過去へのこの誤解と誤った評価は、哲学の他の現代的諸形態にたいする必要な率直さを妨げ、現実的な理解と真の議論を不可能とする。自分自身の過去と他の伝統の過去への理解に到達するということが今日、重要なこととして現れるとするならば、哲学における歴史意識の形成は最大の重要性をもつ」(S. 42)

もちろんフィッシャーも、分析哲学者たちがアリストテレス、ライプニッツ、ヒューム、カントら過去の哲学者に関心をもってきたことを十分に承知している。しかしそのこと一般と、彼ら過去の哲学者たちがおこなった問題提起をなんらかの有意味なものとして、その文化的・社会的背景を考慮に入れ、発生的に理解することとは違うのである。じつはフィッシャーのこの論文は、同じウィーン大学の相互文化主義(Interkulturalismus)の研究者フランツ・ヴィンマーとの共著であり、彼らはヨーロッパ中心主義的な哲学への批判という視点から、自国と他の文明の過去の歴史に関心をもてと主張している。いずれにしてもフィッシャーは、同じ分析哲学の研究者として、「決定的な問いは、過去の哲学にたいする特殊歴史的なアプローチとはなにかということのように思われる」(同上S. 45)と強調している。

オーストリア哲学の特徴づけの試み

ではあらためて、「言語論的転回」を開始したオーストリア哲学とは、その歴史のなかでいかなる特徴づけをもつ哲学だったのか。こうした問題提起がいまこの時点でようやく正当に立てられる。もちろんこうした問題への回答がきわめて困難であるということは、ペーター・カムピッツがみずから「オーストリア哲学小史」を書くにあたって、口を酸っぱくして述べ立てている。彼がいうには、二〇世紀にとって重要な思想はマルクス主義を除くと、ほとんどオーストリアで発明されたのである。それでもなお、オーストリア哲学の固有性いかんという話題は、つねに不信の念をひき起こしてきたのだという。オーストリア的なものの本質を描く試みはどれも成功したと思えないとされる。オーストリアの正体は、哲学者たちが「精神」と呼ぶもののなかに、くり返し現れてくるある傾向であるといえるだろう…(『仮象と現実のはざまで』の「『オーストリア哲学』試論」の章を参照)。

だがそれでも、以上である程度示唆されてきたように、いわゆるドイツ哲学と対立的なオーストリア哲学の特質を大きく描くことは可能であるように思われる。この方向を切り開いたのは、グラーツ大学の哲学研究者ルドルフ・ハラーであり、彼はオーストリア・ウィトゲンシュタイン協会の会長でもある。彼によれば、ウィトゲンシュタインがイギリスの哲学者であるということがいままで大前提とされてきたことにたいして、一九六八年にウィーンで開催された哲学のための国際会議の席で、ウィトゲンシュタインはむしろオーストリアの哲学者ではないか、と問題提起したという(『ウィトゲンシュタインへの問いとオーストリア哲学論文集』S. 31 f.)。そのあとジョンストン『ウィーン精神』などの研究が続いたのであって、ハラーが最初にオーストリア哲学の独自性ということをはっきり主張したといえるだろう。

ハラーはオーストリア哲学の特徴をおおむね三つあげている。第一はその反カント的性格であり、経験主義的性格である。第二は言語批判的な立場である。言語が思想の疑うべからざる表現であるという立場は無批判には受け入れられないという立場である。第三はその実在論的な世界把握への傾向である(『ウィトゲンシュタイン研究』iii頁)。また彼は、反カント主義的ということとかかわって、カントの「コペルニクス的転回」(いままでの哲学とは逆に、自然法則を人間悟性に内在する超越論的なカテゴリーから導出する試み)が、オーストリアの哲学者にとってついぞ経験されなかった「哲学革命」であると指摘する(同上五頁)。カントの思弁的な超越論的方法は、現状肯定とつながりやすい、いわゆる実在論や経験論とはまったく反対であるということは明らかである。

実際、オーストリアにおけるカントやドイツ観念論への反発はオーストリア哲学の産みの親ともいわれるブレンターノをはじめとしてきわめて根強い。信じられないことだが、ジョンストンによれば(『ウィーン精神』p. 285 ff. 2 四八八頁以下)、当時のハプスブルク帝国において、カント『純粋理性批判』が教皇によって発禁とされたり(一八二七年)、ウィーンとプラハでヘーゲル主義者が圧迫されるという事件が起こったという(一八四八年以後)。そこではヘーゲル主義者たちが教授職から追放されたり、まったく無視されたりした。一八四八年といえば、パリに続いて三月ウィーンにも市民革命の波が襲ったときである。革命後の反動のなかでカント以後のドイツ哲学が圧迫されるということはありうることである。

ところで、カントから始まるドイツ哲学の発展を「哲学革命」と名づけたのは、詩人のハインリッヒ・ハイネだった。あのフランス革命にたいするドイツでの積極的応答がこの「哲学革命」だった。カントの徹底した批判精神にこのブルジョア革命が呼応したのだ（『ドイツ古典哲学の本質』六五頁以下を参照）。ここでは、ドイツ・ブルジョアジーの進出を背景としたカントおよびドイツ観念論と、滅びゆくハプスブルクのカトリック的立場との違いが影響をおよぼしていると見られる。一八六〇年代に生成したオーストリアの自由主義や啓蒙の精神ははやばやと挫折し、そこでの現状変革の炎は消えてしまった。オーストリアのブルジョアジーはフランツ・ヨーゼフ皇帝や貴族たちとはじめから妥協的態度をとり、革命など思いもつかなかった。ここにもまたドイツとオーストリアの対比が見られるだろう。

さらにカムピッツもまた、ウィーン学団に限定してであるが、彼らの活動と学説に見いだせるのは、「実在論的・経験論的な、また言語批判的な方向づけ（realistische, empirische und auch sprachkritische Orientierung）」であって、その傾向は、超越論哲学と観念論によって刻印されたドイツ的発展からすると、その対極にあると指摘する（『仮象と現実のはざまで』S. 188. 二一二頁）。

さて、ハラーの説をさらに継承・発展させたのは、いままでにも引用してきたフィッシャーである。彼の研究方法の特質は、上記ハラーの主張とショースキーらが展開したウィーン世紀末の歴史的状況の問題を結合した点にあるだろう。彼はこうして、ハラーの特徴づけを再定式化する。オーストリア哲学の特徴として、第一に、実在論的またはそれとならんで実証主義的な態度、第二に自然科学ないし数学的論理学を重視する態度、第三に言語批判的な態度が列挙される（『ウィーンからの哲学』S. 58）。また彼は以上の説明とかかわって、「カトリックという保守的だが重要な要素は、カントとドイツ観念論をオーストリアから排除し、こうして間接的に、分析哲学の興隆に寄与した。その要素は、反カント的な、反観念論の、そしてたしかにまた反超越論的な哲学に寄与した」(S. 63)と述べる。これは興味深い指摘である。

以上を参照して、私はやはりオーストリア哲学の四つの規定を列挙したい。

(1) 反形而上学的・反観念論的な態度。ここには体系的な学としての形而上学への拒否がある。つまり人生の意味、道徳、美などを思弁によって理論化・体系化できるという確信の否定である。もちろんこのことは、人生の意味などがそのものとして重視されることを否定しない。ここでの批判の対象として、カントやフィヒテ、ヘーゲルの思弁哲学が思いおこされるだろうが、オーストリア哲学の全体的傾向として明確に見られるのは、ある意味での客観的観念論への拒絶である。

(2) (1)とかかわって生ずることは、ドイツ哲学が追究してきた「精神」「民族」「絶対者」「真理」などというものは、言語的捏造物であって、なんら客観的な実体をもっていないという批判である。哲学者自身がみずから使用する言語に欺かれているのであって、その意味で、彼らが利用する言語がおおいに吟味されなければならない。この意味での言語への注目、言語批判や言語分析がオーストリア哲学の大きな特徴といえよう。オーストリア哲学の祖といわれるブレンターノからしてそうした傾向をもち、ウィーン学団(シュリック、カルナップら)、ウィトゲンシュタインらの哲学もそうした言語批判的傾向をもっていた。また彼らとかなり違った立場からであるが、シュテールも言語批判と形而上学批判を重ね合わせるし、エーブナーは真実なることばと対話を求めて、言語や文法を詳細に考察した。ブーバーもまた、その対話的姿勢のなかで、ことばにたいする鋭敏な感覚を示した。総じて、オーストリアにおいて「言語論的転回」という現象が生じた所以もここにある。

(3) 哲学構築のさいの自然科学の重視。その知的構築にあたって、社会科学や人文科学への志向はほとんど存在しない。たとえばドイツ観念論の完成者ヘーゲルでいえば、彼は市民社会を考察するにあたって、イギリスやフランスの経済学（スチュアート、スミス、シスモンディ、マルサスら）を熱心に学んだ。それと対比的に、ここには当時の自然科学の発展やそれにかかわったボルツマン、マッハの影響が強く見られる。とくにマッハが当時の哲学・思想の世界に与えた影響は甚大である。また、この点ではすでに、ブレンターノもドイツ観念論を批判し、教授資格論文（一八六六年）の第四テーゼで、「哲学の真の方法は、自然科学の方法以外のなにものでもない」と宣言している。そしてまた、自然科学志向はそのまま哲学的伝統の軽視となるだろう。あるいは彼らは一般に「反哲学」の傾向を帯びる。

(4) 実証主義的ないし実在論的な態度がおおむね共通である。ここには一言でうまくまとめられないものがあるが、とにかく、認識主体による能動的・主体的な構成による真理把握という意味での、カント的な超越論的方法への拒否の態度が明瞭である。あるいはそれはそのまま、カントからの批判的継承とされるヘーゲル的な弁証法への拒否ともつながる。とくにヘーゲルは、たしかに自然科学志向というより、社会科学ないし人文科学志向であるからだ。そしてフィヒテをふくめ、そこには主体的な批判によって世界を再構成しようとする構えが明示されるが、それこそオーストリア哲学が拒絶する当のものだろう。いずれにしても、この実証主義的ないし実在論的態度は自然科学的でもあるし、マッハの現象主義的な一元論にもつながるし、論理実証主義は全般的にこうした志向をもっている。

以上の四項目が相互に密接に結びついていることも明らかだろう。こうしてオーストリアには、いわゆるドイツ観念論の傾向が浸入することができず、逆に最近までベルリンを除いて、分析哲学的な傾向はドイツでは主流ではなかった。ここに私はドイツ哲学と対比された意味でのオーストリア哲学の特質を見たいと思う。

(1) 日本におけるとり扱いにかんしては、新田義弘・他編集『言語論的展開』を参照。そのなかで石黒ひでは、「言語論的転回」のもとで、「言語への反省に基づく哲学」のことを理解する(同書、九一頁)。また野家啓一の論文は言語論的転回を説明するなかで、ウィトゲンシュタインにも影響を与えたと考えられる、オーストリアのフリッツ・マウトナーについても言及しており、興味深い(一四八頁以下)。

［第八章］ウィトゲンシュタインとウィーン世紀末

世紀末的人物群像

前章までで、「オーストリア哲学」の内容と特徴づけについて明らかにされた。それは広くいうと、ハプスブルクの歴史的伝統と世紀末的要素を背景としてもち、いわゆるドイツ哲学と対立的な性質をおびた。そのなかでとくに、以下では、ルートヴィッヒ・ウィトゲンシュタインについて取り上げたい。現代を代表する哲学者ウィトゲンシュタインが世紀末的なものに強く影響され、そのなかでみずからの哲学的思索《フィロゾフィーレン》を展開していったことに疑いはない。そしてその事実が、一世紀後の世紀末に生きる私たちの思考を大きく刺激しているといえるだろう。いくつかその特徴をあげてみよう。

第一に、ウィトゲンシュタインがどういう思想家たちの影響を現実に受けていたのかが、『反哲学的断章』などの出版のおかげでわかってきたが、そこにいかにもハプスブルク的・世紀末的なものが現れているという事情がある。のちほど検討するジャニク／トゥールミン『ウィトゲンシュタインのウ

ウィトゲンシュタインの胸像

ウィトゲンシュタイン・ハウス

ィーン』は、この問題を基本テーマとしている。

ウィトゲンシュタイン自身は、自分が影響を受けた人物として、ここでボルツマン、ヘルツ、ショーペンハウアー、フレーゲ、ラッセル、クラウス、ロース、ワイニンガー、シュペングラー、スラッファを列挙している（『文化と価値』p. 16.『反哲学的断章』五二頁）。このなかで、ボルツマン、クラウス、ロース、ワイニンガーはオーストリアで活躍したひとびとである。ここからもたしかに、フレーゲ、ラッセルらの数学的論理学の構築の試みを除くとして、世紀末ウィーンの匂いが芬々とするだろう。技術畑出身のウィトゲンシュタインにとって、ボルツマン、ヘルツの物理学や科学論は一方で彼に欠かせない要素であったし、他方で、ショーペンハウアー、クラウス、ワイニンガーらのニヒリズムの思想は、人生の意味などの問題で不可欠な構成要素であった。そして装飾を犯罪とみなしたロースの建築（たとえば、ミハエル広場のロース・ハウス）は、友人エンゲルマンと共同建築をしたウィトゲンシュタイン・ハウス（ストンボロー邸）の簡潔さと酷似している。それはバロックとはもちろん、ビーダーマイヤー様式ともまったく異なる。もちろんウィトゲンシュタインがシュリックら、当時のウィーン学団の構成員たちと知的に交流したことは無視できないし、さきほどたまたま名前があがっていないとしても、ニーチェ、フロイトらもウィトゲンシュタインの思想形成にとって重要な人物だろう。

ところで彼は、一面きわめて合理主義的な立場から、自然科学の命題しか科学的認識として認めなかった。『論考』はいう。

「真なる命題の総体が全自然科学（ないしは自然諸科学の総体）である」(4.11)

「哲学の正しい方法とは、本来つぎのようなものだろう。つまり、いわれうること以外、つまり自然科学の命題以外はなにごともいわないということであり、もし別のひとが形而上学的なことをいおうとしたら、いつでも彼に、命題のなかのある符号に自分がなんの意味も与えていないことを示してやること、以上である」(6.53)

だから彼にとって、自然科学以外の、たとえば社会科学、人文科学、精神科学などというものは成立しえない。それらはひとえに非科学的なものだろう。ここには、当時の論理実証主義者たちとの大きな共通点がある。そしてウィトゲンシュタインは、かえってそう主張することによって、人間の生や価値、倫理という形而上学的な問題については、その科学の彼岸に存在するものとして、反合理的・反体系的な立場から積極的に関心を寄せた。そこに彼が、こうした分野ではショーペンハウアー、キルケゴール、ニーチェらの一種、実存主義的哲学ないし「生の哲学」の立場に強くひかれた理由がある。彼らに内包されているニヒリズム的傾向は、たしかに世紀末的といっていいだろう。

フロイトについては、ウィトゲンシュタインは共感と反感をともに示しているが、ジャック・ブーヴレスは、その点にかんする問題点を詳細に展開しており、興味深い（『ウィトゲンシュタインからフロイトへ』）。またルドルフ・ハラーは、『西洋の没落』の著者シュペングラー、さらに、いかにも世紀末ウィーンの代表的人物らしいワイニンガーらがウィトゲンシュタインに与えた影響を詳細に追究しており、ウィトゲンシュタイン研究に新境地を開いてきた（『ウィトゲンシュタイン研究』所収の、第五章「ウィトゲンシュタインはシュペングラーに影響されたか」、第六章「ウィトゲンシュタインとヴァイニンガーにはなにが共通か」を参照）。

ところでまた、ウィトゲンシュタインのみならず、多くの論理実証主義者たち（カルナップ、ノイラート、シュリックら）が注目したのがニーチェである。こうした興味深い指摘は、オーストリア哲学の研究者クルト・フィッシャーによってなされた。「ウィーン学団のこれら哲学者のニーチェ読解の示唆するところでは、ニーチェを分析哲学のひとつの根源と見ることはできないけれども、ニーチェはなるほど彼らにとって実り豊かな地盤である、またはあまり比喩的でない表現でいえば、ニーチェは彼らにとって有益な世界観の背景を示している」（『ウィーンからの哲学』S. 62.）ここでもまた、私たちは、世紀末的状況の濃い影を洞察することができるだろう。

ユダヤ的なものとはなにか？

第二にウィトゲンシュタインはユダヤ人だった。ワイニンガー、フロイト、マーラーをはじめ、ウィーン世紀末の文化のかなりの部分を彼らユダヤ人が担ってきたことは、つとに指摘されてきた（第二章の「ユダヤ人問題」の項を参照)。つまりユダヤ的要素なしには、当時の文化を説明できない。ジョンストンはそのことを強調している(『ウィーン精神』p. 23 ff. 三三頁以下を参照)。ところで、ユダヤ人の根無し草的性格は、しかし現代の不安定な都会生活にも通ずるところがある。ウィトゲンシュタイン自身も自分の出自を十分に自覚していた。彼は自分の哲学の特性をつぎのように述べる。「ユダヤ的《天才》というのは、ただ聖人にしかいない。最大のユダヤ的思想家は単なる才人でしかない(たとえば私)」(『文化と価値』p. 16.『反哲学的断章』五一頁)ユダヤ人であるということと関連させてのこの自己限定はどういう意味をもつのか。再度ウィトゲンシュタインは書いている。「私が本来、自分の思考のなかでただ再生産的(reproduktiv)でしかないと自分で考えるとき、そのなかには真理がある。そう私は信ずる」(同上)要するにウィトゲンシュタインは、自分が本当の創造などしたことはなく、自分がやったことはせいぜい他のひとびとの思想の「再生産」ないし「明晰化の仕事(Kläirungswerk)」だけであるといっている。しかしそうした仕事であっても、彼によれば、勇気をもっておこなわれなければ、単なるお利口なお遊びになってしまうとされる。「ユダヤの精神はごく小さな草や花を生み出すことすらできない。しかし、他の精神のなかで育った草または花を模写し、そうして全体的な像を設計することは得意なのである。それが合っているかどうかは別にして、そのようにいうことができるだろう」(同上 p. 16 f. 五三頁)

たしかにこのような自己評価から、ウィトゲンシュタインの哲学の特質を再考することは興味深いことだろう。これは単なる自己卑下などではない。彼はここに、ユダヤ的出自と関連させて、なにか運命的なものを感じていたと推察される。それはさておき、彼がユダヤ人としての明確な自己評価をもっていたことは明らかである。

芸術への愛好と自殺衝動

第三に、ささいなことかもしれないが、ウィトゲンシュタインが芸術都市ウィーンのなかで単に哲学のみでなく、みずからクラリネットを吹いたり、指揮者として専門的能力をもつなど、音楽的才能をもち、建築や彫刻の分野でも才能を示したということにも、ウィーン的なものが現れているだろう。実際、鉄鋼業の大経営者であったウィトゲンシュタイン家は、クリムトの率いる分離派の運動に資金援助をしていたし、その邸宅には芸術家たちのサロンができていた。もっとも彼は世紀末的な享楽主義や耽美主義に染まったのではなく、それを批判する姿勢を取りつづけたのだけれども。

第四に、ウィトゲンシュタインの精神構造という点でいうと、彼がつねに自殺念慮にとりつかれていたという事実が、その世紀末状況を特徴づけるだろう。彼の兄たち三人がともに自殺をして果てたという事実が、とくに拍車をかける。自殺にせよ、病死にせよ、暗殺にせよ、死の匂いが世紀末には漂う。そして「死を想え（メメント・モリ）」が標語となり、ウィーン子は葬儀に強い関心を寄せた。とくにまた、特異な思想家ワイニンガーや皇太子ルドルフ、物理学者ボルツマン、表現主義の画家リヒアルト・ゲルストルら、有名人の自殺が取り沙汰されたのがウィーン世紀末であった。三〇歳以下の若年層の自殺が異常に増えたため、ウィーン精神分析協会は、アルフレート・アドラーを中心にこの問題をめぐってシンポジウムを開いたほどである（ジョンストン『ウィーン精神』第三部一一章「死への想念」を参照のこと）。そしてまた、ウィトゲンシュタインはワイニンガーの葬儀に参列したのであるが、すでに述べたように、ユダヤ人ワイニンガーの理論は彼にも一定の影響を与えていることだろう。

彼が自殺念慮をもっていたということの原因を、マクギネスらの伝記を検討しながら、佐藤徹郎は論文「最近の伝記的研究」において、「彼が対人関係において…たいていのひとが幸福とみなすレベルをはるかに超えた、余りにも過大な要求をもっていたことにある」（飯田編『ウィトゲンシュタイン読本』二一頁）と指摘する。これは、ウィトゲンシュタインがあまりにも完全主義的だったがゆえに不幸となった、と解釈できる。しかしそれにしても、ウィーン世紀末の享楽的で、同時にニヒリスティックで没落的な雰囲気が充満するなかで、ウィトゲンシュタインもその空気を呼吸せざるをえなかったと主張することは許されるだろう。

ウィトゲンシュタイン作少女像
（マルガリート・レスピンガー）

ウィトゲンシュタインを世紀末の哲学者と見る主張に異議を唱えるのは、黒崎宏である。彼によれば、ウィトゲンシュタインはむしろ、「『世紀末のウィーン』の苦悩を消すこと、『世紀末のウィーン』を覆っていた迷いから醒めること」（『「語りえぬもの」にむかって』五一頁）を目的とした。だからウィトゲンシュタインは「世紀末の哲学者」だとはいえないとされる。

たしかに彼は、享楽主義的雰囲気や頽廃状況には抵抗しようとした。彼が「気むずかしい男」といわれる所以である。それを認めるとしても、ウィトゲンシュタインが世紀末状況を完全に免れていた、孤高の哲学者と見ることもできないだろう。別の事実を述べると、彼が同性愛者であったこともここで指摘されていい。バートレーの著作『ウィトゲンシュタインと同性愛』を受けて、レイ・モンクは伝記のなかで、彼の説を修正しながら、その事実を肯定している（『ウィトゲンシュタイン』2、六三九頁）。

いずれにしても私は、ウィトゲンシュタインという人物とその思想を、社会思想史的な背景のなかで浮かび上がらせる方向性に注目したい。具体的には、とくにジャニク／トゥールミンの著作に注目し、旧ハプスブルクの文化と伝統をもったオーストリアとウィーンという地を念頭に置いて、ウィトゲンシュタインを考察したい。ウィトゲンシュタインを中心としていないが、すでに述べたように、そこではジョンストン、ショースキーらの文化的研究がその幅広い基盤をなす。もちろんこうした考察法は唯一のものではないけれども、歴史的・文化的背景を除いて、もっぱら数学、論理学、言語学、認識論、心理学、物理学の基礎づけという純理論的な問題に取り組むという研究方法にたいしては、それはひとつのアンチテーゼとなるだろう。

ジャニク／トゥールミン『ウィトゲンシュタインのウィーン』の衝撃

ところで、ウィトゲンシュタインの哲学をケンブリッジや英国の分析哲学系統の範囲に収めるのでなく、むしろ、首都をウィーンと定めるハプスブルク帝国の伝統のなかで、いわば「中欧」の哲学者と見るべきであるという主張を詳細におこなったのは、ジャニク／トゥールミン『ウィトゲンシュタインのウィーン』（以下、本文中に頁数を示す）であった。この著作はオーストリア哲学のなかにウィトゲンシュタインを位置づけようとする私のウィトゲンシュタイン解釈にとても重要であるので、私はここでこの著作をすこし詳しく紹介・検討したい。

この書の衝撃的な意味は、従来のウィトゲンシュタイン解釈にまっこうから対立する見解をくり広げた点にある。それはおもに彼の前期の主著『論理哲学論考』をめぐって、ウィトゲンシュタインの思想は、①ウィーンの生活と文化を基盤に理解されるべきこと、②論理よりも倫理を中心に解釈されるべきこと、という二点によって集約されるだろう。これは著者たちによってウィトゲンシュタイン解釈の「第三の可能性」として示されたものである（p. 187. 二二四頁）。

①にかんして著者たちは、ウィトゲンシュタインの思想的営みを、彼がそのなかで成長したカカーニア（オーストリア・ハンガリー二重帝国）の最後の二五年ないし三〇年間の社会的・文化的背景のもとで、つまりハプスブルク王朝の世紀末ウィーンという視角から考察しようとする。すなわちこれは、いわば社会思想史的考察なのであり、英語でいえば、intellectual and social history の視点からの著作である。すでにジョンストンはとくにウィトゲンシュタインを中心とはしていないが、『ウィーン精神』において、同様な視点からウィーンとオーストリアの文化を恐ろしい広がりで描き出した。残念ながら、すこし前に出版されたこの著作に、著者たちは考察を加えていない（同書「参考文献」の一八頁に、ジョンストンの著作が参照できなかった旨のことわりがある）。

それはさておき、当時は、フロイト（精神分析）、シェーンベルク（音楽）、ロース（建築）、ココシュカ（絵画）、マッハ（科学と思想）らによって代表される「モダニズム」が勃興していた（p. 13. 一二頁）。こうして著者たちは、これらの文化現象がすべて同時に起こり、また主としてウィーンに集中したことはまったくの偶然だったのだろうか、と問題提起する（p. 18. 一八頁）。著者たちは同書で、ハプスブルクの文化と社会を縦横に描くなかでそのことを論証しようとする。そしてまた、ジョンストンの著作『ウィーン精神』を手にするとき、著者たちの主張はいまや説得性を強めるといえるだろう。そしていまや、ウィトゲンシュタインもその環境のなかでとらえられなければならない。

それどころではない。著者たちは、『哲学的探究』などを著す後期ウィトゲンシュタインすらもが、依然として同様に世紀末ウィーンの存在から解き明かされなければならないという（p. 230. 二七七頁）。そのさい、ウィトゲンシュタインの提起した「生活形式（Lebensform）」の構想もまた、新カント派のシュプランガーに直接由来し、この表現はウィーンの建築家アドルフ・ロースらによって、当時のウィーンではお決まりの文化的文句となっていたとされる。周知のように、「生活形式」とは、ひとびとがそのなかで言語行為を営む基盤のことであり、共通の生活形式の存在が言語的な交流と一致を可能とする。ウィトゲンシュタインの言語批判は、ここで生活のありかたとそこにおけるひとびとの日常生活のレベルにまで到達する。

ところで、この点では、ハラーの論文「生活の形式か生活の諸形式か？」によれば、シュプランガー以前に、すでにW・フレートが『生活形式』（一九一一年出版）という著作を書いており、ホフマンスタールがこれを論評しているという。このかぎりでジャニク／トゥールミンは誤っているが、「生活形式」の考えが当時のウィーンで重要だったことを、かえってハラーは論証している（『ウィトゲンシュタイン研究』一六二頁）。

上記②（論理よりも倫理を中心に解釈されるべきこと）によれば、①の問題意識と連動して、ウィトゲンシュタインを論理実証主義者の枠内から離脱させることはもちろんのことであるが、ラッセルやフレーゲを下敷きとして論理学的にウィトゲンシュタインを解釈することにたいし、著者たちはさらにまっこうから反対する。数学と論理学の革命家フレーゲを下敷きにしてウィトゲンシュタインを読むべきだというのは、エリザベス・アンスコム、マックス・ブラックらの専門家による「容認された解釈（received interpretation）」であった（p. 11. 四頁）。そしてその場合、著者たちの解釈では、『論理哲学論考』は論理の書であるよりは、むしろ倫理の書であるとされる。その視点がまた、『論考』の六・四以降の一見、奇妙な叙述の解釈を可能とするという。だがここには、一定の困難が現れる。というのも、ウィトゲンシュタインが人生の意味や倫理、美の問題についてはあえて沈黙すべきだと主張するからである。いわばここでは、積極的な証拠がないところで、「状況証拠」にたよらざるをえない。

このさいまた、いままで述べた①と②の視点は、論理必然的につながるわけではない。ウィーンの生活と社会が重要だという①の論点と、②の倫理を重視する考え方とは、そもそもことがらが別である。かりに著者たちがもっと穏健なかたちで、①の社会思想的・文化論的観点から、ウィトゲンシュタイン哲学成立の背景を描いただけならば、それは従来の研究者たちに、困難なく容認されたことだろう。だが実際には、①の主張は、ほかならぬ『論考』解釈を論理から倫理へと大胆に鞍がえしてしまうのである。ここに①が②に事実上、つながっている点が見られる。ここに大きな問題が生ずるだろう。

『ウィトゲンシュタインのウィーン』への反応

この著作はウィトゲンシュタイン研究のなかでどのように反応されたのか。ここでいくつかの研究を紹介・検討しよう。

たとえば黒田亘は一九七八年の段階で、この書に言及し、高く評価した。上記①の論点を容認しつつ、彼は、『論考』が論理の書であるというよりもむしろ倫理の書であるという指摘については、「たしかに重大な盲点を衝いたもので、大筋については、我々もその正しさを認めなければならない」(『ウィトゲンシュタイン』九頁)と述べる。だがさらにつづけて、以下のように批判を加える。

「もし我々が、最近の解釈を盾にして、語りえぬものこそウィトゲンシュタインの重大事で、論理や数学の考察はそれを内側から限界づけるための手段であり、二次的な意義を持つにすぎないと考えるならば、それは明らかに誤りである。かりに目的・手段の関係を言うなら、ウィトゲンシュタインは『論考』における限界設定の仕方が『まさしく唯一の方法』であると信じていたのであり、そこでは目的と手段は完全に一つで、切り離すことができない」(同上一一頁)

明らかに、ここには、②の論点の単純化にはクギを刺すという意向が見られる。

また藤本隆志はウィトゲンシュタインの解説書のなかで、『ウィトゲンシュタインのウィーン』などを取り上げ、「ウィトゲンシュタインを、その生まれ育った環境から切りはなして、専ら英米流の経験主義やプラグマティズムや言語分析の流れの中にのみ位置づけることが、どれほど誤解を招きやすいことであるかが明らかになるであろう」（『ウィトゲンシュタイン』七頁）と強調する。まさにこれは私自身の関心と重なる。全体的にいって藤本は、世紀末ウィーンとウィトゲンシュタインとのかかわりを、当時の思想家や社会問題などとの関連で積極的に取り上げる。しかし彼は、同書では、それ以後『論考』について述べる段になっても、ふたたび『ウィトゲンシュタインのウィーン』を取り上げることはない。トゥールミンらが引き合いに出すウィトゲンシュタイン自身のことば――『論考』の狙いは倫理的なものである――を引用するにさいしても、この問題への考察はどういうわけか省かれている（同上一八四頁参照）。つまりここには、上記論点①の積極的支持から、②への沈黙という事実がある。

比較的新しい研究で本書を論評したのは、水上藤悦「ウィトゲンシュタインと世紀末ウィーン」である。彼は『ウィトゲンシュタインのウィーン』のドイツ語版（英語版の一〇年後に出版）を紹介しつつ、そこで多くの部分的訂正がなされているということを紹介する。著者たち自身も、また水上自身も指摘することは、ウィーン世紀末の文化状況をめぐってあまりにも性急な関連づけがなされたり、「不適切な抽象化」がおこなわれたということである（飯田編『ウィトゲンシュタイン読本』三一一頁）。そうした問題点はいまおくとして、『論考』を倫理の書と断定することの妥当性の問題については、これがきわめて重大な解釈問題であるにもかかわらず、どういうわけか、水上の論文ではやはり検討が避けられている。その意味で、さきほどの藤本の態度と同様といえるだろう。この問題が難問であるということなのだろうか。

ところで、きわめて激烈な調子で『ウィトゲンシュタインのウィーン』を批判したのは、ドミニク・ラカプラであるが、この主張は興味深いので、のちほどまた検討したい。

ウィトゲンシュタインにおける論理と倫理のつながり

ジャニク／トゥールミンの主張をもっと具体的に探っていこう。

著者たちはまず、『論考』の叙述の進行に注目する。「明らかに、もっぱら論理学、言語理論および数学ないし自然科学の哲学に捧げられた七〇頁ほどの本文のあとで、突然、結びの五頁（命題六・四以降）に出くわすが、ここでは外見上、頭の向きがねじ曲げられ、独我論、死、および『世界の外に存在しなければならない』『世界の意味』についての一連の独断的なテーゼに直面する」(p. 23. 二三頁)

著者たちは、この命題六・四以降の箇所を単に場当たり的なものとか、思いつき的なものとは見ず、逆にこの箇所こそ最重要の箇所とみなそうとする。こうして『論考』は論理の書というよりもむしろ倫理の書とみなされ、同時に著者たちは、ハプスブルクのウィーンの社会的・文化的背景抜きではここに盛られた彼の思想を理解できないと考える。そのさい引証されるのは、『論考』に付けられたラッセルの序文の、ウィトゲンシュタイン自身による拒否の一件や、「『論考』は徹底して倫理的である」という友人パウル・エンゲルマンの証言である。こののち、著者たちはウィーンにおける自由主義の挫折（カール・ショースキーの考察に由来）やそこで発生した耽美主義など、ウィーンの文化の探索に向かうが、結局つぎのような仮説に到達する。「世紀末ウィーンの芸術家や知識人がカカーニアの社会的な事実を意識すると、彼らは必然的に、言語、表現および意思伝達の本性と限界の問題に直面しなければならなかった」(p. 117. 一四二頁)

没落するハプスブルク的な文化と社会がなぜ言語と表現の困難性にとくに突き当たるのかを、著者たちはそれほど詳細に解明しているわけではない。その点であえて付加すれば、多民族・多言語の統合国家（ハプスブルク家）の問題や市民と官僚制のコミュニケーションの閉鎖的関係などが社会的発生源として考えられるだろう（この点はすでに、前章の「分析哲学的アプローチの問題点」の項で言及した）。しかし著者たちは、文学や芸術に現れた言語と表現、コミュニケーションの問題を豊富に例示する。たとえば、ホフマンスタールもムージルも、人生における究極的価値は、ことばでは表現不可能であると結論づけたという。そののちに著者たちがとくに集中的に紹介・検討するのは、フリッツ・マウトナーとカール・クラウスである。

マウトナーは「民族《フォルク》」や「精神《ガイスト》」といった大言壮語がひとびとを悩ませていることに注目し、すべての哲学的問題は言語に還元できるという結論に導かれた。そしてすべて言語は比喩的であり、ゲームのルールのように規約でしかない。したがって、本当にいうべきことをもつやいなや、われわれは沈黙せざるをえない…(p. 121 f. 一四七頁以下)。さらに、ユダヤ人であった著述家クラウスは、「誠実さ」

を旗印としてウィーン社会の妥協と欺瞞をその言論でつぎつぎと暴いた。ことばのなかに現れた道徳的性格こそ、彼の関心事であった。その点で著者たちは、ウィトゲンシュタインを「クラウス主義者」と名づけるほどである（p. 87. 一〇三頁）。

著者たちがウィーンの多くの思想家・文化人に言及しながら、なぜとくにクラウスとマウトナーを集中的に取り上げたのかという疑問が、ここで読者から素朴に出るだろう。もちろんこの両者がウィトゲンシュタインにとって重要であることはいうまでもないが、明らかなように、それに劣らないほどの人物がさらにいるはずである。たとえば、のちに紹介するラカプラは、そうであるならば、なぜフロイトをまとまって取り上げないのかと論難する（『思想史再考』九四頁）。たしかに本書では、フロイトについてはまとまっては論じられていなかった。だがこのような批判は、どちらかといえば二次的なものといえるだろう。

問題は以上のような背景を受けて、著者たちがほかならぬ『論考』をなぜ倫理の書と積極的にみなしたのかであり、その決定的根拠である。著者たちによれば、これについての直接的証拠はウィトゲンシュタイン自身にある。それは編集者フィッカーあての手紙である。長いが、重要な箇所であるので、引用しよう。

「実際この〔『論考』の〕素材は、あなたにはまったくよそよそしく見られるでしょう。というのも、この本〔『論考』〕の要点は、倫理的なもの（ein Ethisches）だからです。私はかつて序文に、実際に入れなかった一文を入れようと思ったことがありますが、それをここであなたのために書き出してみます。

というのも、それはおそらくあなたにとって、〔本書を理解する〕鍵となるでしょうから。そのとき私が書くつもりでいたことはこれです。私の仕事は二つの部分、ここに述べられていること、および書かなかったこと、から成る。そして重要なのは、まさしく二番目の部分です。私の本は、倫理的なもの（das Ethische）にたいする限界線をいわば内側から引いています。そしてこれが、限界線を引く唯一厳密な方法であると確信しています。私は以下のことを信じています。多くのひとびとがあれこれといっていることのすべてを、それについて沈黙することによって、私は本書のなかで確定したということを。〔中略〕さしあたり私はあなたに、序文と結論を読むようにお勧めします。なぜなら、そこに本書の要点がもっとも直接的に述べてあるからです。」（フォン・ウリクト『ウィトゲンシュタイン』p. 82）

ここで明確に、ウィトゲンシュタイン自身が『論考』の要点が倫理的なものだと明言している。この手紙が改ざんされたのでないかぎり、この直接的証言は無視できないだろう。そしてここでのキーワードは、「私の本は、倫理的なもの〔das Ethische〕にたいする限界線をいわば内側から引いています」（傍点島崎）という箇所だろう。

『ウィトゲンシュタインのウィーン』における主張の分析

私は以下、『ウィトゲンシュタインのウィーン』の主張をいくつかの項目に文節化してみる。

(1) ウィトゲンシュタインは当時の自然科学の方法論的問題と、ショーペンハウアー、トルストイ、キルケゴールらが提起した（実践した）倫理学的問題を一挙に統一的に解明する論理学や言語批判を意図した。つまり、「ヘルツやボルツマンの物理学とキルケゴールやトルストイの倫理観を、矛盾のないただひとつの説明の範囲内で調停するようなある方法を見つけること」であった(p. 168. 二〇二頁)。そのさい、ウィトゲンシュタインによれば、倫理的なものや人生の意味などは、合理的な論争事ではなく、「知的な基礎づけ」を与えられないのである。

(2) そしてまた、フレーゲやラッセルの論理学に接近する前に、ウィトゲンシュタインはこうした倫理的・哲学的関心をすでにもっており、それはまさに、彼がいやおうなく生きてきたハプスブルクの生活と文化に由来するのだという。まさにここに、世紀末ウィーンの文化状況の詳細な考察や、思想家・文化人の相互影響の分析が必要だった理由がある。

(3) 「彼の書物の要点は、やがて彼自身が主張するように、倫理的なものである。その形式的技術だけを命題論理学に仰いだのである」(p. 169. 二〇四頁)「こうしてラッセルとフレーゲの論理的記号体系は、ウィトゲンシュタインにとって手段である」(p. 181f. 二一八頁)

(3)についていえば、ウィトゲンシュタインは命題論理学のみならず、関係論理学、述語論理学にも言及している。さて、私は(1)についてはとくに異論はなく、「科学」と「倫理」をどのようなかたちで統一するかがここで問題となっており、それは明らかなように、科学と倫理の統一という意味で、かなりカント的な問題設定ともいえる。そのさいに鍵となるのは、この統一を可能とする論理学や言語観である。その論理学はいわゆる伝統的論理学ではけっしてなく、当然にも、数学や自然科学を十分に基礎づけることのできる精密な数学的論理学でなければならない。ところで、マウトナーの言語批判には、こうした現代的な論理学は位置づけられていなかった。こうしてウィトゲンシュタインは、そうした論理学的命題や自然科学の命題の彼方に倫理的・美的な領域を設定した。いやむしろ、倫理的なことがらは、論理や学問の問題ではなく、端的に実践の問題であった。『ウィトゲンシュタインのウィーン』では強調されていないけれども、ウィトゲンシュタインが一九二〇年から二六年まで低オーストリア州で小学校の教師をやったのも、彼の倫理的実践の現れだっただろう(バートレー『ウィトゲンシュタインと同性愛』は、ウィトゲンシュタインの教育実践を当時の教育改革と関連させて詳細に述べていて興味深い)。父の遺産をあえて手放したり、第一次世界大戦中、志願兵として前線に出たり、一九二〇年の夏クロスターノイブルクの修道院で庭師見習いをしたのも、トルストイの祖国ソ連へ移住しようとしたのも、彼の厳しい倫理的実践の現れだったといえよう。

こうしてウィトゲンシュタインにとって、生きる意味や倫理の追求は、その個人の実践のなかで体現されるしかない。しかもそうした倫理的行為は、政治批判や社会変革とは無関係である。もっとも彼の生きかたは、当時の世紀末のデカダンス、享楽主義、耽美主義に抵抗しようとした。言語批判をとおしての彼の治療的な哲学では、個人が現実をありのままに見られるようになることで終わる。ちょうど精神分析が個人の病を治療し、現状復帰できることを究極目的としているように。哲学は社会を変革しようとはしない。ウィトゲンシュタインの哲学がかなりラディカルで革命的なように見えるとしても、それは保守主義にもとづいた革命、一種の保守革命といえるだろう。その点では、彼の思想はオーストリアがハプスブルク家の伝統的基盤をもち、世紀末のなかで没落する運命にあることをやはり反映しているといえないこともない。それは、カント、フィヒテ、ヘーゲルらのドイツ哲学が新興ドイツの上昇機運を革命的に反映しているのと対比的である。いずれにしても、ウィトゲンシュタインの倫理行為は、個人の厳しい内向的実践となった。彼が「気むずかしい男」「完全主義者」といわれる由縁である。

さて周知のように、『論考』で、「あらゆる哲学は『言語批判（Sprachkritik）』である。（もちろんマウトナーの意味においてではないが）」（4.0031）といわれている。この不満の大きな要因は、マウトナーが数学的論理学を大前提として哲学しなかったことにあるだろう。またこのとき、論理学や言語批判の問題で、ウィトゲンシュタインの先駆者あるいは同時代の人物としてマウトナーのみに注目するのは誤りである。この点でいえば、『ウィトゲンシュタインのウィーン』は、あれだけ幅広い考察であるにもかかわらず、視野が狭い。これは私がこの著書に抱いている大きな不満でもある。たとえば本書は、前章までで指摘した、ことばと愛の哲学者フェルディナンド・エーブナー（第六章を参照）にも、言語と形而上学の批判的哲学者アドルフ・シュテール（第七章を参照）やリヒアルト・ヴァーレにも言及していない。だが彼らを除いては、オーストリア哲学とはなにかを語れないし、そのなかでのウィトゲンシュタインの位置についても正当に評価できないだろう。

それはさておき、この時代でオーストリアにおいて、言語批判や形而上学批判というテーマにかんしていえば、ウィーン学団を除けば、ウィトゲンシュタインやポパーだけが数学的論理学に関心を示したといえそうである。エーブナーもシュテール、ヴァーレも数学的論理学に関心を抱かなかったし、不思議なことに、科学哲学者マッハすらも数学的論理学を探究していないようだ。従来の伝統的論理学ではなく、数学的論理学への注目がウィーン学団とウィトゲンシュタインのひとつの接点だった。

さて(2)については、黒崎宏が異論を吐いている。彼はウィトゲンシュタインの提起した倫理的問題もまた、フレーゲ、ラッセルとの接触以後に生じたというのである(前掲書、一四頁以下)。彼はそれほど詳しく述べていないので、この論点はいま保留したい。

論理と倫理の密接な関係

さて、私がとくに問題にするのは、上記(3)の論点である。ウィトゲンシュタインにとって、はたして数学的論理学は、物理学を基礎づけたのちには、単に倫理的問題を(否定的に)解くための「技術」ないし「手段」なのだろうか。こうした表現は、かなりうかつなものではないかと思われる。倫理的な問題がウィトゲンシュタインにとって究極的な問題であるということを受け入れてもいいだろう。もだが、だからといって、論理学はそのための「技術」ないし「手段」と断定していいのだろうか。もしたとえそうだとしても、それはいかなる意味において可能なのか。さきに紹介した黒田が反発するのも、この点にかかわるだろう。

『論考』を開いてみよう。少なくとも、命題五・五までの、あるいはその後にも頻発する論理学についての叙述は「技術」ないし「手段」以上の意味をもつだろう。論理や命題の考察はいうまでもなく、世界をどうとらえるかというウィトゲンシュタインの哲学の核心部分をなす。『論考』では、いわゆる意味の写像理論が唱えられている。「論理的な像は世界を映し出すことができる」(2.19)「像は現実と一致するか、しないかのどちらかである。それは正しいか誤っているか、真であるか偽であるかのどちらかである」(2.21)「すべての要素命題をあげ、それに加えて、そのうちのどれが真でどれが偽であるかが述べられれば、世界は完全に記述される」(4.26)

だがこれは、素朴な対応説ないし反映論ととらえられるべきではないだろう。素朴な真理対応説では、「観念(命題)と現実との正しい対応が真である」とされる。だが、命題はなにか心理的なものではなく、「命題は現実の、ただし私たちが考えている現実のモデルである」(4.01)。つまり真理や命題は、従来考えられたようには、けっして心理的なものではない。ここには、数学的論理学の基本構想を確立し、真理や意味をそのなかでとらえようとしたフレーゲの影響が見られるだろう。また、「像は現実のモデルである」(2.12)といわれるように、現実はモデルを媒介して再構成される。ここにヘルツのモデル論の影響が見られる。そのさい条件となるのは、「像は写像の論理的形式を被写体と共有する」(2.2)といわれるように、像と現実との共通の論理形式である。これが要請されなければならない。たしかに命題と現実のあいだに、なんらかの共通の形式がなければ、現実を模写するということは成立しないだろう。

だが、こうした「論理形式」は積極的な意味では描出できない(4.12)。というのも、その証明のために、ふたたび論理形式を使わなければならないが、それは矛盾しているからだ。ウィトゲンシュタインの哲学的世界観はこうした論理学観と一体化しており、そこからさらに『ウィトゲンシュタインのウィーン』で強調される、命題六・四以降の倫理学的叙述が始まる。そこでは、論理学は単に「技術」ないし「手段」といわれる以上の決定的な意味をもつ。すでに命題五・六「私の言語の世界は私の世界の限界を意味する」あたりから、ウィトゲンシュタイン独自の論理学的世界観が明示される。そしてこうした世界観や自我認識から、さらに倫理へと問題が広がっていく。それを論理と倫理と明快に分け、論理学は「技術」ないし「手段」と断定することは、おおいに誤解を招くことだろう。

さらにゆたかな解釈を求めて

私はここで、ラカプラおよびギュンター・シェンクの解釈を取り上げたい。というのも、ここではじめてラカプラの批判を評価できると思われるからだ。

彼はジャニク／トゥールミン『ウィトゲンシュタインのウィーン』を「『コンテクスト主義』的研究への先駆的貢献」として、高く評価する(『思想史再考』八七頁)。これはたしかに、ウィトゲンシュタイン『哲学探究』における「ざらざらした大地へもどれ」という指令に従っており、ここでテクストとコンテクストが出会っている。ラカプラによると、彼らの誤りは第一に、「論理よりも倫理だ」という「還元主義的テクスト解釈」にあり、第二に、ひたすら世紀末ウィーンに帰着させる「還元主義的コンテクスト解釈」にあるという(同上、八九頁)。たしかに、『ウィトゲンシュタインのウィーン』の「序論——問題と方法」では、私がさきに述べたような慎重な考察態度は述べられていず、むしろ強引な自己主張が目立つ。だからラカプラの批判も無理はない。ラカプラによれば、コンテクストには意図、動機、社会、文化、作品群、構造という六つの種類があり、それを唯一のコンテクストに還元するのは誤りであるという（同上、三四頁）

第二の「還元主義的コンテクスト解釈」という批判は、ウィトゲンシュタインはそのように明示的に述べていないと思われるので、それだけとれば的外れといえなくもない。『ウィトゲンシュタインのウィーン』はただ、ハプスブルクと当時の世紀末的状況を重大なものとして強調しただけである。だが、それが「還元主義的コンテクスト解釈」と映るのは、それが第一の「還元主義的テクスト解釈」と連結しているからであろう。『ウィトゲンシュタインのウィーン』のなかではもちろん、第一の視点と第二の視点は連結している。しかし私の考えでは、いままで述べてきたように、ラカプラのことばを借りれば、第一の点では論理を論理へ還元している点で誤りであるが、第二の視点は重要なものとして確保される。

これが私のラカプラ評価である。それに加えて、彼にたいする二つの不満を述べておきたい。思想史家ラカプラがウィトゲンシュタインとジャニク／トゥールミンの問題を扱うさい、テクストやコンテクストにかんする方法的・技術的なこまごまとした問題を詳細に展開したわりには、彼ら二人が懸命に解明しようとしたオーストリア・ハンガリー二重帝国やウィーン世紀末の分厚い歴史的・文化的現実にはみずからはほとんど手を染めようとはしない。この欠陥が彼の批判の迫力を薄めているように見えるのは否めない。以上が第一点である。さらに第二に、彼もまた、オーストリアにおけるハラー、フィッシャー、カムピッツらのオーストリア哲学の独自性にかんする研究を知らないようである。だがいままで協調してきたように、オーストリア哲学全体の独自性の追究のなかでこそ、ウィトゲンシュタインの思想も十分に位置づけられるだろう。

つぎに私は、ウィトゲンシュタインをやはりウィーン世紀末と深く結合させようとする別の立場を紹介し、読者の注意を喚起したい。それは旧東独の哲学的・論理学的研究であって、それはラカプラと異なり、ハラーらのオーストリア哲学の研究をすでに吸収している。だがなぜか、不思議なことに、『ウィトゲンシュタインのウィーン』への言及はない。いずれにしても、それはかなり深く考えられた研究方向であり、その主張は示唆的である。その中心人物ギュンター・シェンクは『論考』の背景について、「言語上の限界設定の哲学的行為について、または言語のなかに記された表明にかんするテーマとしての言語」という長々しい題名の論文のなかで、ウィトゲンシュタインの『日記』の記述などを参照して以下のように結論する。

「こうして、『支配的イデオロギーの意味でのドグマ的形而上学』を科学から排斥することがウィトゲンシュタインにとってきわめて深く道徳的な関心事であるということは、明白である。形而上学的な命題の主張は世界にたいする正しい眼差しを妨げ、幸福な生活に有害である」「『論考』の倫理的関心は、大衆行動にたいする上層部の『好き勝手』な操作、およびその背後に隠された消費指向の行動様式に向けられており、その行動様式は〔ひとびとの〕不活発さと無感情へと導いてしまうのである。また『論考』の倫理的関心は、人間の精神形成にたいして前向きである」(『一九・二〇世紀の哲学社会理論研究』一

二号、一九九〇年、一二頁以下）

こうした興味深い叙述の当否はさらに深く当時の時代状況へコミットしなければわからないと思われるので、ここでは貴重な主張として紹介するにとどめたい。

研究方法への反省

さて以上のようにして、私がいままで、社会思想史的・精神史的考察という第一点を分離して、強調したことの意味がかなりの程度、解明されたように思われる。これは、ウィトゲンシュタインを研究する視点ないし方法の問題にかかわっている（これは前章で述べた、フィッシャーによる批判につながる）。社会思想史的とか精神史的とか名づけられるような方法はそれ自体、ひとつの許容される独自の方法である。日本では、あい変わらず分析哲学とか従来の科学哲学とかの枠内でひたすら数学の基礎づけや論理学の問題を理論的にやっていた研究者が多いといえるだろう。そうした立場からウィトゲンシュタイン研究にもいそしんでいた者が、自分と違うアプローチだからといって、ジャニク／トゥールミンのスタイルを批判することはできない。さらにまた、そういう研究があってもいいけれど、それは私の研究内容に比べれば些細なものだ、ともいえないだろう。

じつはこれは、分析哲学や科学哲学とかいわれる学問分野や方法の変貌にかかわっている。従来はこの立場はもっぱら論理内在的に対象を分析してきた。ところが、この立場は一九六〇、七〇年代から変貌を重ねてきた。野家啓一はこの変化を一言で、「科学の論理学」から「科学の解釈学」へというかたちで特徴づけている（『科学の解釈学』一六頁以下を参照）。いわゆる「クーン以後」といわれる状況がそこにある。ここで成立した「新科学哲学」は、科学の営みの基盤にある生活経験や歴史的・社会的コンテキストを重視する。これは従来の分析哲学などが見落としていたものである。じつにトゥールミン自身がこうした新傾向を担う科学哲学者といえる。もちろん、ウィトゲンシュタインを考察するさい、あるいは科学とはなにかを追究するさい、論理内在的アプローチと社会的・外在的アプローチのどちらが主要であるかを考えることはできない（後者の立場は「科学社会学」ともいわれる）。両者ともに必要であり、そして研究方法としては相補的といえるだろう。そしてトゥールミンらのウィトゲンシュタイン研究は、従来の研究方向のみを唯一絶対のものとみなすならば、それにたいする強力なアンチテーゼとなるだろう。この点では、『ウィトゲンシュタインのウィーン』にたいするある書評の意見（C・ヘンダーソン／V・ゼーマン）を紹介し、この論文を終えたい。

「『ウィトゲンシュタインのウィーン』はその公然・非公然の欠点にもかかわらず、哲学的刊行物における真の達成である。〔中略〕望むらくは、本書が、現代の哲学的生産の大きな部分のなかに反映されている過度の狭隘さにたいする効果的な解毒剤になることを。または、ウィトゲンシュタインを解釈するためには、哲学者たちがいつでも単に賢くありさえすればいいというのではないことを、本書が示すことだろう」（『哲学史雑誌』一四巻一号、p. 120 f.）

あとがき

この本は犬養道子『私のヨーロッパ』などの主張を意識して書かれた。彼女はヨーロッパに滞在する学者・研究者が、日常的なあれこれを積極的に経験せずに、書物に囲まれて机上の空論でヨーロッパを分析する態度を痛烈に批判している（同上二九頁）。耳の痛い話である。海外滞在をしても、もっぱら資料のコピーをしまくる研究者もたしかに存在するだろう。彼女は別著『アウトサイダーからの手紙』でも、傾聴に値する持論を展開している。私もその研究者のはしくれであるが、彼女の批判にすこしは応えたかったというのが、本書のひとつの意図であった。

第二部の教育問題で展開される生活と経験は、私自身のものというよりむしろ、ギムナジウムに通っている二人の息子たちのそれである。彼らの存在なしにはこの部分はまったく成立しなかった。目下進行中の日本の教育改革がすこしでもオーストリアなどの教育方針を理解し、参考にしてくれればとせつに願う。そして、予想しない困難がつぎつぎと出てくるなかで健気に立ち向かっていく息子たちには、なんとか頑張ってほしいと思う。二人と、彼らを支えてきた妻にも深く感謝したい。

第三部のオーストリア哲学の独自性という問題は、まだようやくそのレールがしかれたばかりである。この問題を十分に扱うには、まだ研究が足りないと実感している。

ここで各章の初出を示すとともに、出版を許可された編集者の方たちに感謝したい。なお、内容はかなり変化している場合がある。他の章や付録はすべて書き下ろしである。

第三章――『葦牙』第二五号、同時代社、一九九九年

第四章――『唯物論』(東京唯物論研究会編)第七三号、一九九九年

第七章――『一橋大学・一橋論叢』八月号、二〇〇〇年

ちなみに、すでに出版された関連文献(拙著)で、文献表にも掲載されていないものに

・「ウィーンと彫刻の美」(1)、(2)、(3)、『葦牙ジャーナル』第一七、一八、一九号、一九九八年がある。この小論はとくに、本書の第二章に関連をもつだろう。

本書はオーストリア在住の方たちのご協力とご好意がなければ成立しなかった。とくに、ギムナジウム教師のフリードリヒ・ミューレッカー氏、ロベルト・ホーフシュテッター氏には、教育の分野で何度となくお世話になった。厚く感謝したい。ウィーン大学のクルト・フィッシャー氏、ペーター・カムピッツ氏、フランツ・シャルル氏、エルヴィン・バーダー氏の学問的協力にも深く感謝したい。

また私事にわたるが、昨年、今年と続いて亡くなった母と父に本書を捧げたい。

やや変わった構想をもつ本書の出版を引き受けてくださった未來社社長・西谷能英氏には厚く感謝

したい。氏には以前、拙著『ヘーゲル弁証法と近代認識』でもお世話になった。また直接に編集の労をとられ、挿絵を配慮してくださった浜田優氏にもここで深く感謝したい。

二〇〇〇年九月

島崎　隆

文献表

＊本書で引用した文献を中心とし、参考文献を掲げる。原著のつぎに［　　］で記してあるのは、私が付けた訳語である。

池内紀『世紀末と楽園幻想』白水社、1981 年
同上編訳『ウィーン世紀末文学選』岩波文庫、1990 年
同上『ウィーンの世紀末』白水社、1992 年
石黒ひで「『言語論的転回』とはなにか」、新田義弘・他編集『言語論的展開』岩波書店、1993 年
犬養道子『アウトサイダーからの手紙』中公文庫、1990 年
同上『私のヨーロッパ』新潮社、1991 年
今村仁司・他『現代思想の源流』講談社、1996 年
上田浩二『ウィーン――「よそもの」がつくった都市』筑摩新書、1997 年
海野弘『ハプスブルク　美の帝国』集英社、1998 年
大内洵子『ジュンコ先生のドイツ教育体当たり奮戦記』五月書房、1996 年
大坪重明「哲学教育について」、『理想』4 月号、1981 年
OECD 教育研究革新センター編『図表で見る教育・OECD 教育インディケータ』ぎょうせい、1996 年
小倉貞秀『ブレンターノ』以文社、1986 年
亀山純生「宗教教育論と宗教の定義」、東京唯物論研究会編『唯物論』72 号、1998 年
ガリマール社・同朋舎出版編『ウィーン（望遠鏡 8）』同朋舎出版、1995 年
木田元・他『二〇世紀思想事典』三省堂、1995 年
木村直司編『ウィーン世紀末の文化』東洋出版、1993 年
倉田稔『ハプスブルク歴史物語』NHK ブックス、1994 年
同上『ウィーンの森の物語』NHK ブックス、1997 年
黒崎宏『「語りえぬもの」に向かって』勁草書房、1991 年
黒田亘編『ウィトゲンシュタイン』平凡社、1980 年
小池直人『デンマークを探る』風媒社、1999 年

佐藤徹郎「最近の伝記的研究」、飯田隆編『ウィトゲンシュタイン読本』法政大学出版局、1995年
島崎隆『思想のシビルミニマム』大月書店、1991年
同上『対話の哲学』こうち書房、1993年
同上・他『改訂版・現代社会』数研出版、1998年
同上「ギムナジウムにおける哲学教科書の紹介・検討」、『一橋大学・一橋論叢』2月号、1999年
同上「マルチン・ブーバーにおける『対話の社会主義』」、『季報・唯物論研究』69号、1999年
同上「宗教との対話はいかにおこなわれるべきか？」、『一橋大学・一橋論叢』8月号、2000年
千足伸行監修『ウィーン世紀末展』読売新聞社、1997年
宝木範義『ウィーン物語』新潮社、1991年
田中浩・他『精解・現代社会』数研出版、1997年
田辺秀樹「陽気なミューズの世紀末」、木村直司編『ウィーン世紀末の文化』東洋出版、1993年
谷川渥「世紀末ウィーンの美術」、木村直司編『ウィーン世紀末の文化』東洋出版、1993年
土屋勝彦「多民族国家と国民文学」、島根國士／寺田元一編『国際文化学への招待』新評論、1999年
堤清二／橋爪大三郎『選択・責任・連帯の教育改革』岩波ブックレット
土肥恒之・他『ヨーロッパ近世の開花』中央公論社、1997年
野家啓一『科学の解釈学』新曜社、1993年
同上「ウィトゲンシュタインの衝撃」、新田義弘・他編集『言語論的展開』岩波書店、1993年
長谷川洋三『森田式精神健康法』三笠書房、1996年
深沢英隆「啓蒙とイロニーの間で」、『一橋大学・一橋論叢』4月号、1996年
福田雅章「国連『子どもの権利委員会』からの『勧告』を読み解く」(1)、『一橋大学・法学研究』第32号、1999年
藤本隆志『ウィトゲンシュタイン』平凡社、1978年

水上藤悦「ウィトゲンシュタインと世紀末ウィーン」、飯田隆編『ウィトゲンシュタイン読本』法政大学出版局、1995年
南川三治郎『クリムトとウィーン美術散歩』河出書房新社、1998年
南塚信吾編『ドナウ・ヨーロッパ史』1999年
村上純一「思春期の『共同』と学校制度空間」、『教育』国土社、2月号、1999年
森本哲郎『ウィーン』文芸春秋、1992年
文部省編『高等学校学習指導要領解説・公民編』実業出版株式会社、1992年
同編『二一世紀を展望した我が国の教育の在り方について――子供に〔生きる力〕と〔ゆとり〕を』1996年
同編『二一世紀を展望した我が国の教育の在り方について――個性尊重の教育を目指して』1997年
同編『高等学校学習指導要領解説』実業出版、1999年
八木紀一郎『オーストリア経済思想史研究』名古屋大学出版会、1988年
山口俊明『ウィーン』ダイヤモンド社、1996年
山之内克子『ウィーン――ブルジョアの時代から世紀末へ』講談社、1995年
吉田秀和編訳『モーツァルトの手紙』講談社、1978年
良知力『青きドナウの乱痴気』平凡社、1985年
同上『一八四八年の社会史』影書房、1986年
ロート美恵『「生」と「死」のウィーン』講談社、1991年

Alle Welt [全世界]. Kulturen/Kirchen/Kontinente, März/April, 1997.
Aslam-Malik, Gisela, et al., Gewissen. Ethik/Werte und Normen/Philosophie [良心――倫理学／価値と規範／哲学], Stuttgart/Düsseldorf/Berlin/Leipzig 1995
Ayer, Alfred J., Logical Positivism [論理実証主義], Glencoe/Illinois 1959
――――, Language, Truth and Logic, London 1946. 吉田夏彦訳『言語・真理・論理』岩波書店、1972年

Bader, Ervin, Für ein Europa des Geistes [精神のヨーロッパのために], in: Günther Witzany (Hg.), Zukunft Österreich, Salzburg 1998

Bartley III, William W., Wittgenstein, Open Court, 1985. ウィリアム・W・バートリー『ヴィトゲンシュタインと同性愛』(小川原誠訳) 未來社、1990年

Bisanz-Prakken, Marian, Heiliger Frühling [聖なる春]. Gustav Klimt und die Anfänger der Wiener Secession 1895-1905, Wien/München 1999

Bouveresse, Jacques, Philosophie, mythologie et pseudo-science, Paris 1991 ジャック・ブーヴレス『ウィトゲンシュタインからフロイトへ』(中川雄一訳) 国文社、1997年

Börnsen, Nina, Das Gustav Klimt Album [グスタフ・クリムトのアルバム], Harenberg/Dortmund 1997

Bourdieu, Pierre, L'ontologie politique de Martin Heidegger, Paris 1988 ピエール・ブルデュー『ハイデガーの政治的存在論』(桑田禮彰訳) 藤原書店、2000年

Brentano, Franz, Versuch über die Erkenntnis [認識論試論], Hamburg 1970

Brion, Marcel, La vie quotidienne à Vienne à l'époque de Mozart et de Schubert, Paris 1959. マルセル・ブリヨン『ウィーン　はなやかな日々』(津守健二訳) 音楽之友社、一九七九年

Burgstaller, Willibald, et al., Befreit zum Leben [生きることへと解放されて]. Religion BHS 3, Wien 1997

Carnap, Rudolf, Die alte und die neue Logik, in: Erkenntnis 1, 1930 ルドルフ・カルナップ「古い論理学と新しい論理学」、石本新訳編『論理思想の革命』東海大学出版会、1972年

————, The Elimination of Metaphysics Through Logical Analysis of Language, in: Ayer, Logical Positivism, Glencoe/Illinois 1959 カルナップ「言語の論理的分析による形而上学の克服」、永井成男・他訳『カルナップ哲学論集』紀伊國屋書店、1977年

Costa-Lascoux, Jacqueline, Les trois âges de la laïcité, Paris 1996 ジャクリーヌ・コスタ＝ラスクー『宗教の共生』(林瑞枝訳) 法政大学出版局、1997

年
Dummett, Michael, Origins of Analytical Philosophy, Duckworth, 1993　マイケル・ダメット『分析哲学の起源』(野本和幸・他訳) 勁草書房、1998 年
Ebner, Ferdinand, Das Wort und die geistigen Realitäten［ことばと精神的実在］, Frankfurt am Main 1980
Fischer, Ernst, Die Entstehung des österreichischen Volkscharakters［オーストリア的民族性の発生］, in : Weg und Ziel, Nr. 5, 1992
Fischer, Kurt R., Philosophie aus Wien［ウィーンからの哲学］, Wien/Salzburg 1991
Fliedl, Gottfried, Gustav Klimt［グスタフ・クリムト］. 1862–1918, Köln usw, 1997
Frege, Gottlob, Begriffsschrift, Halle 1879　ゴットロープ・フレーゲ「概念文字」、石本新・訳編『論理思想の革命』東海大学出版会、1972 年
Freud, Sigmund, Vorlesungen zur Einführung in die Psychoanalyse, Wien 1922　ジグムント・フロイト『精神分析学入門（世界の名著・フロイト)』(懸田克躬訳) 中央公論社、1966 年
Fürst, Maria/Trinks, Jürgen, Philosophie［哲学］, Wien 1992
Haller, Rudolf, Fragen zu Wittgenstein und Aufsätze zur Österreichischen Philosophie［ウィトゲンシュタインへの問いとオーストリア哲学論文集］, Amsterdam 1986
————, Questions on Wittgenstein, London 1988　ルドルフ・ハラー『ウィトゲンシュタイン研究』(林泰成訳) 晃洋書房、1995 年
Heidegger, Martin, Was ist Metaphysik ? Frankfurt am Main 1943　マルチン・ハイデガー『形而上学とは何か』(大江精志郎訳) 理想社、1965 年
Heine, Heinrich, Zur Geschichte der Religion und Philosophie in Deutschland, Weimar 1963　ハインリッヒ・ハイネ『ドイツ古典哲学の本質』(伊東勉訳) 岩波文庫、1973 年
Heintel, Peter/Pickl, Dietmar, Think［考えよ］, Wien 1991
Henderson C./Zeman V., "Wittgenstein's Vienna［ウィトゲンシュタインのウィーン］", Journal of the History of Philosophy, Vol. XIV, No. 1, 1976

Hofstetter, Robert, Philosopohie, Gesellschaft und Physik [哲学・社会・物理学], Wien 1992
Janik, Allan/Toulmin, Stephen, Wittgenstein's Vienna, New York 1973 ジャニク／トゥールミン『ウィトゲンシュタインのウィーン』(藤村龍雄訳)、TBSブリタニカ、1979年
Johnston, William, The Austrian Mind, Berkeley/Los Angels/London 1972 ウィリアム・ジョンストン『ウィーン精神』(井上修一・他訳) 全2巻、みすず書房、1986年
Kampits, Peter, Sprachspiel und Dialog [言語ゲームと対話], in: R. Haller (Hg.), Sprache und Erkenntnis als soziale Tatsache, Wien 1981
――――, Zwischen Schein und Wirklichkeit, Wien 1984 ペーター・カムピッツ『仮象と現実のはざまで――オーストリア哲学小史』富士書店、1988年
――――, Ludwig Wittgenstein [ルートヴィッヒ・ウィトゲンシュタイン]. Wege und Umwege zu seinem Denken, Graz/Wien/Köln 1985
Kant, Immanuel, Kritik der reinen Vernunft, Hamburg 1956 カント『純粋理性批判』、同上『世界の大思想』(高峯一愚訳) 第10巻、1965年
Kăroly, Kőkai, Wien um 1900 als Topos der Kulturgeschichte [文化史のトポスとしての1900年ウィーン]、Wien 1998 (Vorlesungsmanuskript)
Kern, Hans, Projekt Psychologie [プロジェクト心理学], St. Pölten 1987
Kierkegaard, Søren, Der Begriff Angst, Düsseldorf 1958 田淵義三郎訳「不安の概念」、『世界の名著・キルケゴール』中央公論社、1966年
LaCapra, Dominick, Rethinking Intellectual History, Ithaca, New York 1983 ドミニク・ラカプラ『思想史再考』(山本和平・他訳) 平凡社、1993年
Leitner, Leo/Benedikt, Erich (Hg.), Lehrplan-Service. Psychologie und Philosophie [教授計画サーヴィス――心理学と哲学], Wien 1990
Ленин, В. И., Материализм и змпириокритицизм, Москва 1953
レーニン『唯物論と経験批判論』(寺沢恒信訳) (1)、(2)、大月書店国民文庫、1966年、68年
Mach, Ernst, Die Analyse der Empfindungen und das Verhältnis des Physischen

zum Psychischen, 7. Auflage, Jena 1918　エルンスト・マッハ『感覚の分析』（須藤吾之助・広松渉訳）法政大学出版局、1971年
Magee, Bryan, et al., Men of Ideas, London 1978. ブライアン・マギー編『哲学の現在』（磯野友彦監訳）、河出書房新社、1983年
Magris, Klaudio, Der Habsburgische Mythos in der österreichischen Literatur, Salzburg 1966. クラウディオ・マグリス『オーストリア文学とハプスブルク神話』（鈴木隆雄・他訳）風の薔薇、1990年
Marx, Karl, Zur Judenfrage, in : Marx/Engels Werke 1, Dietz Verlag 1956　マルクス「ユダヤ人問題のために」、マルクス『ヘーゲル法哲学批判序説』（真下信一訳）国民文庫、1973年
Monk, Ray, Ludwig Wittgenstein, London 1990　レイ・モンク『ウィトゲンシュタイン』1、2、みすず書房、1994年
Muhlöcker, Friedrich, et al., Fragen der Philosophie. Diskurse über : Mensch-Sein-Handeln-Erkennen［哲学の問い——人間・存在・行為・認識にかんする講述］, Wien 1997
————, Fragen der Philosophie. Texte zu : Geschichte-Gesellschaft-Natur-Religion-Schönheit-Sprache［哲学の問い——歴史・社会・自然・宗教・美・言語にたいするテキスト］, Wien 1997
————, Fragen der Philosophie. Lehrerheft［哲学の問い——教師用］, Wien 1997
Musil, Robert, On Mach's Theory［マッハの理論にかんして］, München/Wien 1982
Nebehay, Christian, Gustav Klimt Dokumentation, Wien 1969　クリスチャン・ネーベハイ『クリムト』（野村太郎訳）美術公論社、1985年
Pauer-Studer, Herlinde, et al., Philosophie zum Lesen［哲学読本］, St. Pölten usw. 1988
Pitsch, Reinhart, Die Romantik in der österreichischen Tradition［オーストリア的伝統におけるロマン主義］, in : Weg und Ziel, Nr. 5, 1992
Provinzialat der österreichischen Provinz der barmherzigen Brüder (Hg.), 500 Jahre/Johannes von Gott［500周年／ヨハンネス・フォン・ゴット］, Wien

1995
Reininger, Robert/Nawartil, Karl, Einführung in das philosophische Denken［哲学的思考入門］, Wien 1988
Sarmany-Parsons, Ilona, Die Malerei Wiens um die Jahrhundertwende［世紀転換期ウィーンの絵画］, Budapest 1991
Scharer, Matthias, et al., Miteinander unterwegs［同行道半ば］. Glaubensbuch AHS 1, St. Pölten 1997
Schenk, Günter, Vom philosophischen Akt der sprachlichen Grenzziehung oder Sprache als Thema von in Sprache verfaßten Äusserungen［言語的な限界設定の哲学的行為について、または言語のなかに記された表明にかんするテーマとしての言語］, in : Rolf Bauermann et al. (Hg.), Studien zur Philosophie und Gesellschaftstheorie des 19. und 20. Jahrhunderts, Nr. 12, 1990
Schorske, Carl E., Wien. Geist und Gesellschaft im Fin de Siècle, München/Zürich 1994　カール・E・ショースキー『世紀末ウィーン』(安井琢磨訳)、岩波書店、1983年
Schulz, Walter, Philosophie in der veränderten Welt, Pfullingen 1972　ワルター・シュルツ『変貌した世界の哲学』(藤田健治訳) 二玄社、1978年
Stadtschülrat für Wien (Hg.), Wiener Schulführer 1999［ウィーン学校案内1999年］
Stegmüller, Wollfgang, Hauptströmungen der Gegenwartsphilosophie, Stuttgart 1975　ヴォルフガング・シュテークミュラー『現代哲学の諸潮流』(中埜肇／竹尾治一郎監訳) 1、2、法政大学出版局、1978年
Stöhr, Adolf, Ist Metaphysik möglich?［形而上学は可能か］, Leipzig 1916
Waissenberger, Robert, et al., Wien 1890-1920, Office du Livre SA, 1984　ロベルト・ヴァイセンベルガー編『ウィーン　芸術と社会』(池内紀／岡本和子訳) 岩波書店、1995年
Wiener KirchenZeitung［ウィーン教会新聞］, Nr. 34, 1998
Wimmer, Franz, Vorlesungen zu Theorie und Methode der Philosophie im Vergleich der Kulturen［文化比較における哲学の理論と方法にかんする講義］, Bremen 1997

Wittgenstein, Ludwig, Tractatus Logico-Philosophicus, New York 1974. ルートヴィッヒ・ウィトゲンシュタイン「論理哲学論考」、「草稿 1914-16」、『全集』1、大修館書店、1976年
————, Philosophische Untersuchungen, Oxford 1953 ウィトゲンシュタイン「哲学的探究」、『全集』8、大修館書店、1979年
————, Culture and Value [文化と価値], Revised Edition, London 1998 丘沢静也訳『反哲学的断章』、青土社、1999年
Wright, Georg Henrik von, Wittgenstein [ウィトゲンシュタイン], Oxford 1982

著者紹介
島崎隆（しまざき・たかし）
1946年　埼玉県に生まれる
1969年　一橋大学経済学部卒業
1969～72年　群馬県にて高校教諭
1979年　一橋大学社会学研究科博士課程単位取得
1989年　一橋大学社会学部教授、現在に至る
著書・その他　共著『ヘーゲルの思想と現代』汐文社、共著『哲学のリアリティ』有斐閣、共訳／J・ゼレニー『弁証法の現代的位相』梓出版、『対話の哲学』こうち書房、『思想のシビルミニマム』大月書店、共編著『ヘーゲル用語事典』未來社、『ヘーゲル弁証法と近代認識』未來社

ウィーン発の哲学　文化・教育・思想

2000年10月20日　初版第一刷発行

本体2600円＋税——定価

島崎隆——著者

西谷能英——発行者

株式会社　未來社——発行所

東京都文京区小石川3－7－2
振替00170-3-87385
電話(03)3814-5521～4
http://www.miraisha.co.jp/
Email:info@miraisha.co.jp

精興社——印刷

富士製本——製本

ISBN 4-624-01154-6 C0010

ヘーゲル弁証法と近代認識
❖島崎 隆著❖
〔哲学への問い〕ヘーゲルはいかにして壮大な哲学体系を築いたのか。「生の哲学」から「精神の哲学」への転回を通して弁証法へと至る、イエーナ期ヘーゲルの格闘を再演する労作。四五〇〇円

ヘーゲル用語事典
❖岩佐茂・島崎隆・高田純編❖
ヘーゲル哲学の主要な用語を94項目選び、七つの大きな主題別ブロックに分けたなかに配置し、平明な解説を加えた意欲的な「読む事典」。年譜文献解説なども収録した哲学案内。二八〇〇円

1848年ウィーンのマルクス
❖シュタイナー著❖
❖増谷英樹訳❖
ウィーン48年革命における民衆政府＝「公安委員会」の役割、及び8月23日事件の顚末を、当時のビラ、風刺画等著者所蔵の豊富な史料で緻密に再現。訳者解説「マルクスのウィーン」。二五〇〇円

旧東欧世界
❖マトヴェイエーヴィチ著❖
❖土屋良二訳❖
〔祖国を失った一市民の告白〕冷戦後、東欧世界は過去の遺産になってしまった。「旧ユーゴ」、「旧ソ連」、「旧共産主義圏」と呼ばれ、民族紛争の続く旧東欧の歴史と現在を証言する。二五〇〇円

バルカン・ブルース
❖ドゥブラヴカ・ウグレシィチ著❖
❖岩崎稔訳❖
バルカン半島の旧ユーゴ内戦(1990-95)のさなかに綴られた、クロアチアの女性作家によるエッセイ。国民＝民族的同一性を再生する「忘却と想起のテロル」を暴く、痛切な警鐘の書。二五〇〇円

パウル・ツェラーン
❖イスラエル・ハルフェン著❖
❖相原勝・北彰訳❖
〔若き日の伝記〕東欧の多民族・多言語都市チェルノヴィッツで生まれたツェラーン。ユダヤ人の両親を強制収容所で殺された詩人の、悲劇的な生と作品を決定づけた前半生を描く。三五〇〇円

経験としての詩
❖フィリップ・ラクー＝ラバルト著❖
❖谷口博史訳❖
パウル・ツェランの後期詩篇を読み込み、そこに複数の声を聴きとる哲学的エッセー。ハイデガーとの対決、ヘルダーリンとの対話をとおして、詩的言語の本質的な問いの次元を開く。二九〇〇円

（消費税別）